Ursula Kopp

Der vertikale Balkon- & Terrassengarten

Ursula Kopp

Der VERTIKALE Balkon- & Terrassengarten

Bassermann

Inhalt

Vorwort	7
Die richtige Planung	9
Warum vertikales Gärtnern?	10
Auf den Standort kommt es an	10
Lichtverhältnisse	11
Wasserversorgung	13
Worauf noch zu achten ist	15
Möglichkeiten für einen vertikalen Garten	17
Einen Paletten-Garten bauen	19
Schubladensystem	21
Gestapelte Kisten	23
Raffiniert und platzsparend	25
Upcycling	25
Der Flaschengarten	25
Regenrinnen bepflanzen	27
Pflanztaschen	28
Systemlösungen der Hersteller	30
Der „Hängegarten"	30
Die „Gartenschere"	31
Der „Hochgarten"	31
„Corsica Vertical Garden"	32
Pflanzenwand „Karoo"	32
Die „essbare Wand"	33
Vertikal gärtnern mit Kletterpflanzen	35
Kettergemüse	35
Hanging Baskets – Blütenflor auf Augenhöhe	39
Welche Pflanzen	40
Hanging Baskets bepflanzen und pflegen	41
Ein vertikales Bienenparadies	42
Pflanzenauswahl und Pflanzung	42
Bienenfreundliche Pflanzen	44
Saatgutmischungen	44

Pflanzen im Porträt — 46

- Frühlingsblumen — 48
- Sommerblumen — 51
- Herbst- und Winterpflanzen — 55
- Kräuter — 57
- Gemüsepflanzen — 61
- Obstpflanzen — 63
- Kletterpflanzen — 67

Den vertikalen Garten pflanzen und pflegen — 69

So gedeiht der Hochgarten — 70

- Wo kauft man die Balkonpflanzen? — 71
- Werkzeug und Zubehör — 71
- Das richtige Substrat — 73
- Pflanzen direkt ansäen — 75
- Pflanzung mit vorgezogenen Pflanzen — 76
- Die Kunst des Gießens — 78
- Automatische Bewässerung — 79
- Düngen mit Augenmaß — 81
- Schneiden, entspitzen, ausputzen — 81
- Pflanzenschutz im vertikalen Garten — 82
- Pflegefehler und ihre Ursachen — 83

Der vertikale Zimmergarten — 85

Das Prinzip Wandgarten — 86

- Wandgarten-Systeme — 86
- Welche Pflanzen? — 89
- So gedeiht der vertikale Zimmergarten — 89
- Ein Pflanzenbild selber herstellen — 90

Register — 94

Herstellernachweis und Impressum — 96

Vorwort

Die Idee des „Vertikalen Gärtnerns" (Vertical Gardening) stammt aus dem großstädtischen England des frühen 20. Jahrhunderts. Die Menschen hatten hier wenig Platz und waren dennoch darauf angewiesen, Nahrungsmittel selbst anzubauen. Dort, wo am Boden die Fläche nicht ausreicht, musste man eben in die Höhe pflanzen. Auch heute kann sich der Hobbygärtner, vor allem in Städten, in denen durch eine zunehmend dichte Bebauung nicht nur viele Gärten verlorengehen, sondern auch die Freiflächen an den Wohnungen immer kleiner werden, nur noch in die Höhe orientieren. Deshalb sind Wandgärten Trumpf, denn mit ihnen kann man sich auch bei wenig Platz mit viel Grün umgeben. Die Pflanzen wachsen einfach nicht mehr in den üblichen Kübeln oder Töpfen, sondern „gehen die Wände hoch". Vertikales Gärtnern lässt sich in vielen unterschiedlichen Formen an freien Wänden auf Balkon und Terrasse umsetzen. Wer seine Pflanzen stapelt, klettern lässt oder aufhängt, gewinnt Raum. Mithilfe ideenreicher Konstruktionen und unterschiedlichster Gefäße wird Gärtnern in mehreren Etagen ermöglicht, der Kreativität sind dabei keine Grenzen gesetzt. So lässt sich auf kleinen Flächen ein Blumenbeet anlegen, Gemüse zur Selbstversorgung anbauen, eine Blumenwand speziell für Bienen gestalten, ein Kräutergarten für die Küche anlegen oder man schickt Kletterpflanzen gezielt auf die Reise. Ein vertikaler Garten erhöht den Erholungswert und bietet auch auf kleinem Raum ein Naturerlebnis mit wunderbaren Möglichkeiten grüner Gestaltung. Im letzten Kapitel werden auch einige Beispiele erläutert und gezeigt, wie sich ein kleiner vertikaler Zimmergarten anlegen lässt.

Die richtige Planung

Selbst auf winzigen Balkonen oder kleinen Reihenhausterrassen lässt sich ein vertikaler Garten auf vielfältige Weise verwirklichen. Der erste Schritt hierzu ist die sorgfältige Planung. Der Standort, den man den Pflanzen anbieten kann, bestimmt die Anlage und Pflanzenauswahl. Nur, wenn man den Ansprüchen der Gewächse gerecht wird, können diese auch im vertikalen Garten gedeihen.

Warum vertikales Gärtnern?

So kommt eine alte Holzleiter wieder zum Einsatz.

Die Antwort ist relativ einfach: Wenn es beim Gärtnern nicht in die Breite gehen kann, bleibt nur der Weg in die Höhe. Auf dem Land geht es vorwiegend darum, den gegebenen Platz bestmöglich zu nutzen. In der Stadt dagegen ist vertikales Gärtnern beinahe Pflicht. Es kann auch auf kleinem Raum Spaß bringen und zum spielerischen Wettbewerb gegen die Nachbarn und das Grau der Wände werden. Die Idee ist nicht unbedingt neu, bereits bei unseren Großeltern waren Blumenregal und -treppe Standard. Heute jedoch sind die Ansprüche andere und auch der Fachhandel hält hier eine Vielfalt von kreativen und schönen Ideen bereit.

Auf den Standort kommt es an

Entscheidend für die Planung ist die Festlegung der Standorte. Hier stellt sich zunächst die Frage, welche baulichen Gegebenheiten sich für die Anlage eines vertikalen Gartens auf dem Balkon eignen (Hauswand, Balkontrennwand, Balkongitter etc.) oder wie viel Stellfläche auf der Terrasse zur Verfügung steht. Zu beachten ist dabei, dass die Standorte neben den baulichen Gegebenheiten nicht zuletzt dem regionalen Klima unterliegen, das einen erheblichen Einfluss auf das Wohlbefinden und Gedeihen der Pflanzen hat. Denn in der Vertikalen sind sie Klimabedin-

Ein einfaches Spalier lässt sich in einen „blühenden Wandteppich" verwandeln.

gungen und Wetterextremen wie Hitze, Wind, Regen und Frost besonders ausgesetzt.

Lichtverhältnisse

In Kübeln am Boden bekommen kleine Pflanzen auf dem Balkon oftmals nicht genügend Licht. Die Kübel nehmen zudem viel Platz weg. Inzwischen gibt es jedoch eine Vielfalt von Stellagen und Regalen, auf denen man Pflanztöpfe übereinander anbringen kann. Bei der Wahl des geeigneten Pflanzenregals sollte man nicht nur auf einen passenden Stil achten, auch die Topf- und Pflanzenhöhe ist entscheidend. Die Pflanzen bekommen hier meist nur von einer Seite Licht, weshalb man die Töpfe aufrecht wachsender Stauden und Halbgehölze regelmäßig drehen muss. Lediglich Ampelpflanzen sind mit dieser asymmetrischen Form des Wachstums zufrieden.

Die jeweiligen Standortfaktoren haben für die Pflanzen unterschiedliche Bedeutung. Das Sonnenlicht und die damit verbundene Wärme sind für sie am wichtigsten. Mit zunehmender Temperatur erhöht sich allerdings die Verdunstung und somit der Wasserverbrauch. Eine besonnte Hauswand speichert Wärme und gibt sie auch wieder ab, dies kann von Vorteil für die Pflanzen sein. Vor einer Metallfläche jedoch wird es zu heiß und sie verbrennen. Ist der Standort dagegen insgesamt zu dunkel, leiden insbesondere die lichthungrigen Arten. Blütenansatz und Laub fallen spärlich aus und die Triebe werden lang und schlaff.

Südbalkon und Südterrasse liegen den ganzen Tag über in der Sonne, im Sommer wird es dort auch meist sehr heiß und empfindliche Pflanzen können verbrennen. Hier muss für Schatten gesorgt und in jedem Fall reichlich und regelmäßig gegossen werden.

Optimal für alle Pflanzen, die einen sonnigen bis hellen Platz lieben, sind *Südost- und Südwestlagen*. Sie erreicht die milde Vormittagssonne oder sie kommen in den Genuss der angenehmen Nachmittags- oder Abendsonne. Allerdings sind sie oft als Wetterseite ungeschützt Wind und Regen ausgeliefert. Auf dem *Nordbalkon* herrscht ständig Schatten, direkte Sonneneinstrahlung, die Regen- oder Gießwasser abtrocknen lässt, gibt es dort nicht. Deshalb hält sich die Feuchtigkeit im Substrat länger. Üppige Blütenfülle ist kaum zu erwarten, hier fühlen sich schattenliebende Gewächse wohl.

Alle Pflanzen brauchen zudem ausreichend Frischluftzufuhr. Steht die Luft, werden Krankheiten und Schädlinge begünstigt.

> **Tipp:** An sonnigen Standorten sollten die Pflanzgefäße möglichst eine helle Farbe haben, damit sich die Erde und die Pflanzenwurzeln nicht so stark aufheizen. Transpiriert das Gefäß bzw. die Pflanztasche, ist der Wasserbedarf besonders hoch.

Wasserversorgung

Bei der Planung sollten Balkongärtner unbedingt auch berücksichtigen, wie die Pflanzen gegossen werden. Weil diese nur wenig Erde zur Verfügung haben, muss man umso häufiger mit der Gießkanne anrücken. Häufig tut man jedoch des Guten zu viel, wenn an den Standorten Niederschläge zum Gießwasser hinzukommen und die Gefäße nur einen mangelhaften Abzug haben. Deshalb sollte man nicht nur umsichtig gießen, sondern bereits bei der Wahl der Standorte die individuellen Ansprüche der Pflanzen hinsichtlich ihres Wasserbedarfs berücksichtigen. Denn sie erleiden bei Staunässe im Wurzelraum rasch Schäden, die sich nicht mehr beheben lassen.

Pflanzen wachsen auch nicht das ganze Jahr über gleichbleibend kräftig, meist legen sie je nach Art eine Ruhepause

Für die Bewässerung reicht in der Regel eine Gießkanne aus.

ein. In der Wachstumsphase, vor und während der Blütezeit, brauchen sie am meisten Wasser, danach kann in der Regel etwas weniger gegossen werden. Wer nicht ständig Gießkannen zu seinem vertikalen Balkongarten schleppen will, für den empfiehlt sich ein *automatisches Bewässerungssystem* (siehe Seite 79).

> **Tipp:** Kleine vertikale DIY-Systeme können auch manuell versorgt werden. Hier reicht eine Gießkanne oder ein Gartenschlauch mit Gießstab für höher befestigte Pflanzen aus.

Worauf noch zu achten ist

Mit der Bepflanzung von Balkonen sind auch einige Rechtsfragen verbunden. Bei einer Miet- oder Eigentumswohnung in einer Wohnanlage kann der Mieter (oder Eigentümer) den zugehörigen Balkon grundsätzlich frei nach seinen Vorstellungen gestalten, sofern dadurch nicht die Rechte bzw. Bedürfnisse der Nachbarn beeinträchtigt werden. Unabhängig von Mietverträgen oder speziellen Regeln in einer Eigentümergemeinschaft gilt grundsätzlich:

- Pflanzgefäße dürfen aus Sicherheitsgründen (außer im Erdgeschoss) an Balkonen nicht außen hängend angebracht werden.
- Die Bepflanzung darf die Fassade der Wohnanlage nicht verunstalten bzw. schädigen.

Hängende Pflanzen nur unten einsetzen, damit sie die anderen nicht überwachsen.

- Sind im Rahmen der Bepflanzung bauliche Veränderungen vorgesehen (zum Beispiel Rankgitter), muss dies mit dem Vermieter bzw. der Eigentümergemeinschaft abgeklärt werden.
- Beim Gießen der Pflanzen dürfen benachbarte Balkone, die Hausfassade oder Passanten nicht durch Gießwasser geschädigt werden.
- Bei der Pflege ist darauf zu achten, dass keine Pflanzenabfälle auf benachbarte Balkone fallen.

Möglichkeiten für einen vertikalen Garten

Ein vertikaler Garten bietet für den Hobbygärtner vielfältige Möglichkeiten, sich mit unterschiedlichsten Ideen kreativ zu entfalten. Egal ob Balkon oder Reihenhausterrasse – selbst auf kleiner Fläche lassen sich ein Blumenbeet anlegen, Gemüse und Kräuter anpflanzen und sogar ein kleines Bienenparadies gestalten.

Einen Paletten-Garten bauen

Mit etwas handwerklichem Geschick lässt sich ein vertikaler Garten kostengünstig aus alten Europaletten selber bauen. Mit wenigen Tricks und Kniffen können die Paletten in kleine, hochkant stehende oder hängende Beete für Kräuter, Gemüse, aber auch Zierpflanzen verwandelt werden und gleichzeitig noch eine Wand begrünen. Eine zwischen die Kanthölzer an die Ränder getackerte Folie ergibt einen Wurzelraum, der mit Erde aufgefüllt wird. Bei Bau- oder Supermärkten, Gartencentern oder diversen Baufirmen sind nicht mehr benötigte Paletten oft kostenfrei erhältlich.

Was wird benötigt?

- eine Europalette (120 × 80 × 14,4 cm)
- Hammer/Akkuschrauber, Schrauben, Nägel oder Holztacker
- wasserundurchlässige Plane, zum Beispiel Teichfolie (etwa doppelte Größe der Palettenfläche)
- Erde (je nach Palettengröße, für eine Euro-Palette sind circa 80–90 l nötig)
- Circa 25–30 Pflanzen für eine Europalette

Und so geht's

- Zunächst ist festzulegen, wie die Europalette aufgestellt werden soll. Dann müssen drei einfache Bretter unter die Hohlräume geschraubt werden. Auf der Rückseite der Palette befinden sich drei Bretter, hinter denen genügend Platz ist, um insgesamt sechs Pflanzrinnen anzulegen.
- Nun schneidet man die Teichfolie in schmale Streifen, legt die Rinnen damit aus und tackert sie am Holz fest. Unten in die Folie und in die angeschraubten Bretter werden Löcher gebohrt, damit überschüssiges Gießwasser abfließen kann.
- Jetzt stellt man die Palette an den vorgesehenen Platz. Ist sie einmal

Kräuterjungpflanzen wachsen schnell an und bedecken bald die Paletten-Bretter.

mit Erde gefüllt, lässt sie sich nur noch schwer bewegen, eine Palette allein wiegt 24 kg.

- Dann wird das den jeweiligen Pflanzen entsprechende Substrat eingefüllt. Kräuter bevorzugen eher einen mageren Boden mit Sand, Gemüse und Zierpflanzen mögen nährstoffreiche Erde.
- Beim Bepflanzen ist alles erlaubt, was gefällt. Zu beachten ist jedoch, dass die ausgewählten Pflanzen ähnliche Standortbedürfnisse haben und sich gegenseitig nicht im Wuchs behindern. Ideal sind neben Pflanzen mit aufrechtem Wuchs auch hängende Formen. Besonders hübsch wirken Kräuter-, Gemüse- oder Zierpflanzen, die hängend wachsen.

Im Laufe der Zeit entsteht eine dichte grüne Wand und von den Paletten ist bald nichts mehr zu sehen.

- Eine mit Erde befüllte und bepflanzte Palette wiegt mehr als 35 kg. Wenn sie an eine Wand gehängt werden soll, müssen die Dübel und Haken entsprechend groß und stabil sein, ebenso wie die Wand selbst.

Tipp: Europaletten werden oft auch von Speditionen angeboten, wenn Kunden sie nach einer Lieferung nicht behalten wollen. Oder man schaut sich in Neubausiedlungen und Bauhöfen um.

Die in Pastellfarben gestrichenen Schubladen passen gut zum frischen Grün der Kräuter.

Schubladensystem

Was wird benötigt?

- 6 Allzweckkisten aus dem Baumarkt (L 30, H 15, B 20 cm)
- 3 Holzbretter à 20 x 80 cm (Seitenteile)
- 3 Holzbretter à 166 x 10 x 1,8 cm (Rückwand)
- 12 Kanthölzer à 3,5 x 20 x 1,8 cm (Auflageflächen für die Kisten)
- 42 Holzschrauben à 3,5 cm lang
- wetterfeste Lasur und Farbe nach Wunsch

Und so geht's

Zunächst werden die Kisten und alle Holzteile mit einer wetterfesten Farbe gestrichen. Dann montiert man die Kanthölzer mit jeweils 2 Holzschrauben an den Seitenleisten in der Höhe, in der die Kisten später sitzen sollen (siehe Zeichnung).

Nun werden die Seitenteile auf der Rückseite mit den 3 Holzbrettern für die Rückwand verbunden und mit 2–3 Holzschrauben festgeschraubt.

Vorder- und Rückansicht

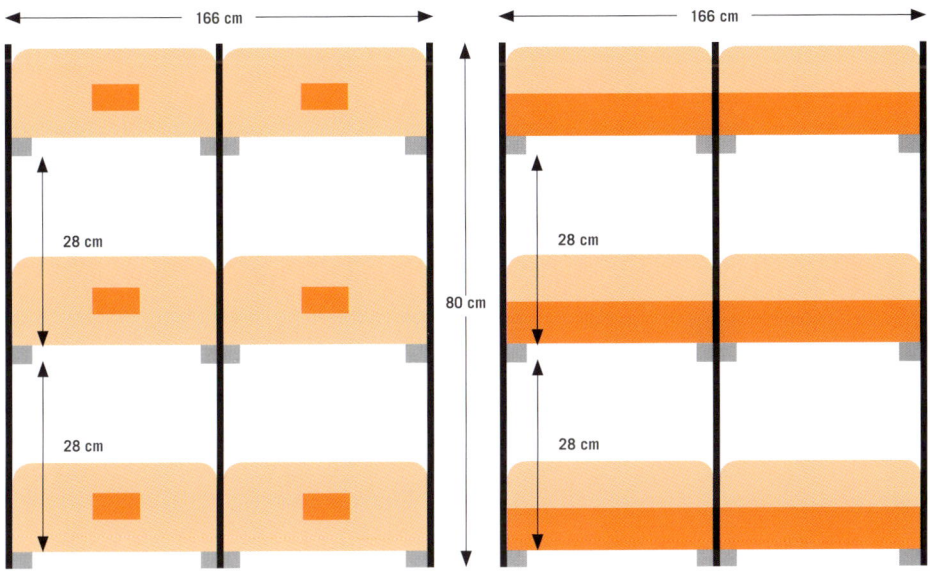

Gestapelte Kisten

Was wird benötigt?

- 5 Obstkisten à 50 × 31 × 40 cm
- 2 Holzbretter à 40 × 100 cm (Seitenteile)
- 2 Kanthölzer à 3,5 × 30 × 1,8 cm (Auflage für die oberen Kisten)
- 14 Holzschrauben à 3,5 cm
- 2 Holzbretter à 10 × 110 × 1,8 cm (Rückwand)

Und so geht's

Zuerst streicht man die Kisten und alle Holzteile mit einer wetterfesten Lasur. Dann wird jeweils ein Kantholz auf einer Höhe von etwa 62 cm an jeder Seitenwand mit 3 Holzschrauben befestigt. Nun schraubt man die Seitenteile auf der Rückseite mit 2 Holzbrettern und 2–3 Holzschrauben fest. In der Bauzeichnung sind die Maße zu sehen.

Vorder- und Rückansicht

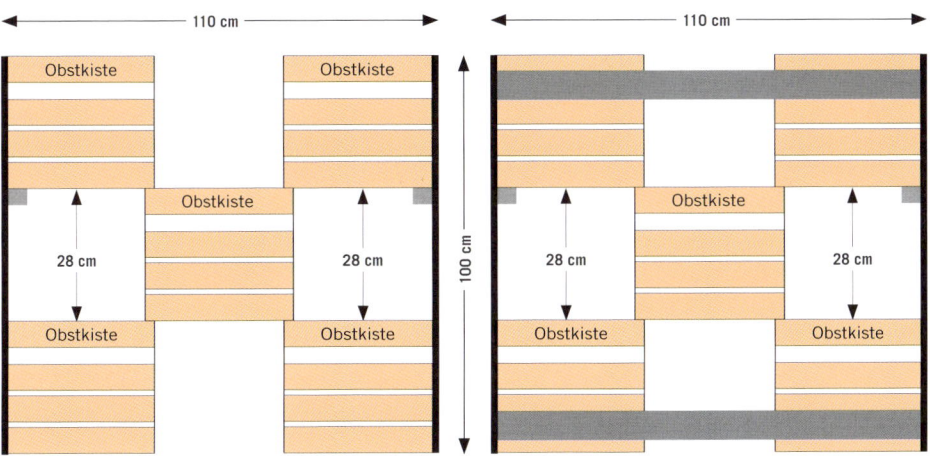

Die Ideen und Illustrationen zu beiden Regal-Varianten stammen von Patricia Morgenthaler.

Raffiniert und platzsparend

Je kleiner der Platz auf dem Balkon oder der Terrasse ist, umso geschickter muss man damit haushalten. Inzwischen gibt es ein großes Angebot von Stellagen, Stativen und Etageren, auf denen sich Pflanztöpfe übereinander anbringen lassen. Im Winter können sie für eine Weihnachtsdekoration genutzt oder platzsparend zusammengeklappt werden. Sind die Töpfe unterschiedlich groß, kann man sie ineinander gestapelt verstauen. Bei der Wahl des geeigneten Pflanzenregals sollte man nicht nur auf einen passenden Stil achten, auch die Topf- und Pflanzenhöhe ist entscheidend. Die Pflanzen bekommen hier meist nur von einer Seite Licht, weshalb man Töpfe mit aufrecht wachsenden Stauden und Halbgehölzen regelmäßig drehen muss. Der findige Balkonbesitzer nutzt auch ausrangierte Regale oder Haushaltsleitern, um möglichst viele Pflanzen auf wenig Raum unterzubringen.

Auch ausgediente Konservendosen eigenen sich – hübsch bepflanzt – für einen vertikalen Garten.

Upcycling

Die Wiederverwertung von Abfallprodukten oder wertlosen Materialien beim Gärtnern erscheint zunächst befremdlich. Doch auch damit lässt sich ein kleiner, vertikaler Garten anlegen. So kann an einem Balkongitter problemlos eine Reihe ausgedienter Konservendosen angebracht werden. Diese kleidet man zunächst mit einem Vlies aus, bevor sie mit Erde gefüllt und bepflanzt werden. Wichtig ist, sie vor direkter Sonneneinstrahlung zu schützen, da sie sich natürlich schnell aufheizen.

Der Flaschengarten

Mit Hilfe von leeren Plastikflaschen lassen sich platzsparend und günstig auch auf dem Balkon frisches Gemüse und

Kräuter anbauen. Der „Flaschengarten" kann auf unterschiedliche Weise ganz einfach selber gebaut werden.

Was wird benötigt?

- 1,5l PET-Flaschen
- Kabelbinder oder Gartendraht
- Schere und Cutter
- Für die Bepflanzung Substrat, Saatgut oder Jungpflanzen

Und so geht's

- Den Boden der Flaschen abschneiden und in den Flaschenhals zwei kleine Löcher bohren, damit überschüssiges Gießwasser heraustropfen kann.
- Mehrere so präparierte Flaschen mit Erde befüllen und ineinanderstecken. Die unterste Flasche behält ihren Deckel, bei allen anderen schraubt man ihn ab.

Noch eine Variante: Mit Kräutern bepflanzte PET-Flaschen „begrünen" die Wand.

- Diesen Flaschenturm mit Kabelbinder oder Gartendraht an einem sonnigen bis halbschattigen Platz am Balkongitter befestigen.
- Nun mit dem Cutter ein oder zwei Öffnungen in die Flaschen schneiden, den Plastikrand umklappen und Samen oder Jungpflanzen einsetzen.
- Für die Bewässerung von einer weiteren Plastikflasche den Boden abschneiden und mehrere kleine Löcher in den Flaschendeckel bohren.
- Die Flasche mit dem Deckel nach unten von oben in den Flaschenturm stecken und mit Wasser füllen. Mit diesem stetig tropfenden Wasserreservoir bleibt das vertikale Gemüsebeet gleichmäßig feucht.
- Wer eine größere Anbaufläche nutzen will und kann, stellt einfach mehrere dieser Flaschentürme nebeneinander.
- Zur Bepflanzung eignen sich u. a. Salat, Stangensellerie, Steckzwiebeln, Tomaten, Rote Beete sowie Petersilie, Schnittlauch und Basilikum.

Für eine Variante des „Flaschenturms" bieten 5–7 ausgediente PET-Flaschen, zum Beispiel an einem Bambusrohr aufgehängt, weitere Möglichkeiten. Mit einem Teppichmesser oder einer Schere wird ein ausreichend großes Pflanzloch ausgeschnitten. Dann füllt man die Flaschen mit Erde. Am Flaschenhals können die Flaschen vertikal aufgehängt werden, für die horizontale Variante befestigt man oben und unten eine Kordel. Hängen die Flaschen unter freiem Himmel, müssen Löcher hineingebohrt werden, damit überschüssiges Regenwasser ablaufen kann. Wichtig ist, dass die Flaschen nicht zu schwer werden, damit die Aufhängung nicht reißt.

Regenrinnen bepflanzen

Eine pfiffige Variante sind ausrangierte Regen- und Dachrinnen. Sie lassen sich auf eine beliebige Länge zurechtsägen und an den seitlichen Enden mit Kappen verschließen. Hängt man die Rinnen an Holzleisten, zum Beispiel an die Balkonwand, lässt sich ein „hängender Garten" zaubern.

Was wird benötigt?

- ausrangierte Regenrinnen
- Endkappen
- Drahtseil
- Seilschlösser
- Metallsäge
- Bohrmaschine

Und so geht's

- Die Regenrinnen in drei gleich lange Abschnitte (z. B. 50 cm) zersägen und mit den Endkappen verschließen.
- Je zwei Löcher in den Boden der Rinnen bohren, damit das Drahtseil durchgezogen werden kann und sich die Rinnen miteinander verbinden lassen. Damit überschüssiges Gieß- und Regenwasser gut ablaufen kann, evtl. zwei weitere Löcher bohren.
- Das Drahtseil durch die Bohrlöcher ziehen und jeweils darunter mit einem Seilschloss sichern, damit die Rinnen nicht nach unten abrut-

Aber auch auf diese ganz einfache Weise lässt sich eine Regenrinne bepflanzen und schmücken.

schen. Um die Konstruktion in der gewünschten Höhe aufhängen zu können, nach oben ausreichend Seil zugeben.

- Anschließend das Substrat einfüllen, nicht zu viel, da mit den Pflanzenballen nochmals Erde hinzukommt. Die Pflanzen einsetzen und vorsichtig angießen.

Pflanztaschen

Fehlt es an Pflanzfläche, sind Pflanztaschen eine gute Möglichkeit, dennoch den „grünen Daumen" zu entfalten. Diese neue Form von Pflanzgefäßen soll den hässlichen Plastikblumentopf ersetzen. Der Vorteil von Pflanztaschen gegenüber stabilen Töpfen ist, dass sie flexibel sind und deshalb weniger Platz benötigen. Sie bestehen aus stabilem, aber flexiblem, UV-beständigem Kunststoffgewebe, das meist aus recycelten Materialien hergestellt wird. Sie sind oft in mehrere Fächer aufgeteilt, die einem ganzen Blumenbeet, Kräuter- oder Gemüsegarten ein Zuhause bieten können. Werden sie nicht mehr gebraucht, lassen sie sich klein zusammenfalten und platzsparend aufbewahren. Und da man Pflanzentaschen oftmals wiederverwenden kann, sind sie in der Nutzung auch umweltfreundlich. Aufgrund der weichen Seitenwände kann sich das Wurzelsystem nahezu ungehindert entwickeln, wodurch die Pflanzen langlebiger sind. Pflanztaschen gibt es in vielen Größen, man kann sie hinstel-

In dieser Pflanztasche aus Sackleinen finden 4–6 Pflanzen Platz.

len oder aufhängen sowie mit jeder Art von Substrat füllen.

Sie lassen sich aber auch leicht selber herstellen. Dafür braucht man ein bis zwei Quadratmeter dünnen Filz- oder Vliesstoff für das Innere der Tasche, reißfestes Bändchengewebe für die mittlere Schicht und für außenherum einen Leinenbeutel. Die Stoffe legt man einfach aufeinander und tackert oder näht sie an den Beutel. Dann wird die Tasche mit Erde befüllt – wobei darauf zu achten ist, dass diese dabei nicht zu stark verdichtet wird – und bepflanzt. Damit sich keine Nässe im Beutel staut, sticht man auch einige kleine Abflusslöcher hinein.

Pflanzideen mit System

Auch der Handel hat den aktuellen Gartentrend erkannt und viele Fachgeschäfte bieten vorgefertigte Elemente für vertikales Gärtnern an. Wer nicht über handwerkliches Geschick verfügt und es sich beim vertikalen Gärtnern einfacher machen möchte, der findet hier verschiedene Systemlösungen, die bereits mehrere Pflanzbehälter in einem Rahmen zusammenfassen. Ganz unterschiedliche Ideen hierzu haben verschiedene Hersteller entwickelt (S. 96).

Der „Hängegarten"

Mit dem „Hängegarten" lassen sich Blumen oder Gemüse als Wandbegrünung für den Balkon dekorativ in Szene setzen. Auch horizontal kann man mehrere Röhren nebeneinander anordnen und dadurch ein ganzes Feld beackern.
Die Röhren sind aus weißem PVC mit einem Edelstahleinsatz. Die Aufhängung besteht aus zwei Millimeter starken Edelstahlseilen, die Wandhalterungen aus eloxiertem Aluminium.

Mit dem Hängegarten lassen sich auch Innenräume mit Zier- und Nutzpflanzen begrünen.

- Höhe: 65 cm
- Durchmesser: 12,5 cm
- Gewicht: 3 kg

Die „Gartenschere"

- Um auf dem Balkon Gemüse anzubauen und Kräuter zu ziehen, wurde die Gartenschere (Bild) aus Massivholz in variablen Höhen von 30–180 cm entwickelt.
- Tiefe: 40 cm
- Breite: 57 cm
- Höhe: maximal 180 cm
- Gewicht: 2 kg

Der Scherenbeschlag lässt sich verstellen und auf sechs Pflanzkästen aufstocken. Nach der letzten Ernte kann man das Gestell zusammenklappen und im Keller unterbringen. Die Pflanzkästen sind robust, dabei leicht und lassen sich stapeln.

Der „Hochgarten"

Der Hochgarten (Bild Seite 32) ist ein Blickfang, mit dem sich die verschiedensten Pflanzen im Außen- und Innenbereich auf „Augenhöhe" präsentieren lassen. Er eignet sich für Topfpflanzen – besonders Hängepflanzen – mit einem Durchmesser von bis zu 13 cm. Für die Herstellung der Übertöpfe wurde ein spezielles Betongießverfahren entwickelt, das eine Topfwandung von nur 7 mm bei einem Gewicht von 1,8 kg ermöglicht. Aufgrund der engen Anordnung der Töpfe mit Selbstbewässerung und der besonderen

Die Gartenschere funktioniert im Innenraum ebenso gut wie im Außenbereich.

Der Hochgarten sorgt im Außen- und Innenbereich für Blütenduft auf Nasenhöhe.

Eigenschaften des Betonmaterials entsteht ein Mikroklima mit reduzierter Verdunstung. Die Töpfe lassen sich leicht abnehmen, die Holzstangen sind aus massiver Eiche und für einen sicheren Stand mit Antirutschgummis versehen. Den Hochgarten kann man gut nach Bedarf ausrichten, da sich die Stangenenden spreizen lassen.

- Durchmesser: 40 cm
- Höhe: 1,48 m
- Gewicht: 10 kg

„Corsica Vertical Garden"

Im Handel gibt es speziell zugeschnittene Pflanzgefäße aus Kunststoff, die witterungsbeständig und platzsparend auf engem Raum aufgestellt oder aufgehängt werden können. Der Blumentopf „Corsica Vertical Garden" hat unten einen Durchmesser von 41 cm, oben von 48 cm und ist 20 cm hoch. Er bietet Platz für drei Pflanztaschen von etwa 17 cm Durchmesser. Mehrere dieser Pflanzbehälter lassen sich übereinander versetzt stapeln, so bleibt immer genügend Platz für die unteren Pflanzen. Man erhält auf diese Weise eine Pflanzen-Etagere mit einem kleinen Kräutergarten oder einer Mini-Obstplantage, je nachdem, was gepflanzt wird. Das Set besteht aus 5 stapelbaren Blumentöpfen und kann damit insgesamt 15 Pflanzen unterbringen.

Pflanzenwand „Karoo"

Die Pflanzenwand „Karoo" (40 × 40 × 15 cm, 5 kg) wurde umweltfreundlich aus recyceltem Kunststoff gefertigt. Sie hat über 9 Pflanzentaschen, die bereits mit einem neuartigen, speziell für vertikale Begrünung entwickelten Substrat gefüllt sind. Man braucht nur noch geeignete Pflanzen zu kaufen, sie in die Pflanzenwand einsetzen und den bepflanzten Wandkasten an die Wand hängen. Die Pflanzenwand lässt sich sowohl manuell als auch automatisch bewässern. Sie ist absolut wasserdicht und daher auch gut für Innenräume geeignet.

Die „essbare Wand"

Unter diesem Namen wird ein hängender Kleingarten wegen seiner bevorzugten Nutzung als Kräuter- und Gemüsegarten vermarktet. Er erlaubt vertikales Gärtnern selbst auf dem kleinsten Balkon und besteht aus 20 Taschen aus recycelten PET-Flaschen, die sich einfach bepflanzen lassen. Sie sind in vier Reihen übereinander angeordnet. Das auf diese Weise entstehende Quadrat (100 × 100 cm) kann direkt an eine Wand gehängt oder in einen Aluminiumrahmen gespannt werden – was von Vorteil ist, da so Erde und austretendes Wasser das Mauerwerk nicht verschmutzen können. Dieser Rahmen lässt sich mit etwas Abstand an der Wand anbringen, an eine Decke hängen oder auf ein rollbares Gestell (für die Terrasse) montieren. Neben 4 kleineren Taschen zum Verstauen von Gartenwerkzeugen ist auch ein Bewässerungssystem integriert. Beachtet werden sollte, dass die mit Erdreich und Pflanzen gefüllte „Wand" ein Gesamtgewicht von bis zu 50 kg haben kann.

Vertikal gärtnern mit Kletterpflanzen

Eine weitere Möglichkeit, kleine Balkone und Terrassen in eine grüne Oase zu verwandeln, sind Kletterpflanzen. Sie sorgen für blühenden Sichtschutz, begrünen Trennwände und verleihen Spalieren ein schattenspendendes Blätterkleid – die „Himmelsstürmer" sind auf dem Balkon einfach unverzichtbar. Einige Arten zeichnen sich durch schnellen Wuchs aus, andere bilden besonders schöne Blüten. Zu den fleißigsten Kletterern gehört die Feuerbohne (*Phaseolus coccineus*). Klassiker unter den Balkon- und Terrassenpflanzen sind die Schwarzäugige Susanne (*Thunbergia alata*) und der Blauregen (*Glyzinie*). Eine gute Mischung aus schnellem Wachstum und schöner Blüte ist die Sternwinde (*Ipomea quamoclit*). Besonders farbenfroh und lebendig wirken kletternde Pflanzen, wenn man dazwischen verschiedene, in kleine, bunte Hängetöpfe gesetzte Blühpflanzen arrangiert. Auch Kletterpflanzen haben unterschiedliche Ansprüche. Die einen brauchen viel Pflege, andere weniger. Die einen schätzen einen sonnigen Platz, die anderen fühlen sich im Schatten wohler. Einige wachsen üppig und beanspruchen viel Platz, während andere sich mit einem kleinen Rankgitter begnügen.

Die duftenden, in Trauben hängenden Blüten des Blauregens zeigen sich von Mai bis Juni. Das hellgrüne Laub nimmt im Herbst eine schöne gelbe Farbe an.

Klettergemüse

Auch Gemüse, das hoch hinaus will, benötigt eine entsprechende Kletterhilfe. Geeignet für den vertikalen Anbau sind nicht nur die üblichen rankenden Gewächse wie Erbse, Bohne und Gurke, sondern auch Gemüsearten, die ihr Dasein eher in Bodennähe fristen wie

zum Beispiel kleinfrüchtige Kürbisse und Melonen oder kletternde Zucchini. In der Regel reichen ein paar gespannte Schnüre oder Drähte aus, an denen das Gemüse aufgebunden werden kann. Stangen und Gerüste aus Holz, Bambus oder Stahl bieten den Pflanzen etwas mehr Halt. Dies empfiehlt sich zum Beispiel bei Gemüsearten mit schwereren Früchten wie Kürbis oder Melone. Es müssen aber nicht immer teure Edelstahl-Rankgitter sein, billige Baustahl-Gitter geben den Pflanzen ebenfalls stabilen Halt und lassen sich mit einem Bolzenschneider in beliebig große Teile zerlegen. Einige Gemüsearten, beispielsweise Gurken und Zucchini, wachsen so rasch und üppig, dass man das Gitter darunter nach kurzer Zeit nicht mehr sieht. Wärmeliebende Pflanzen wie Tomaten oder Melonen schätzen ein warmes und windgeschütztes Plätzchen an der Hauswand. Die tagsüber von der Hauswand gespeicherte Wärme wird nachts wieder abgestrahlt und sorgt so für ein gleichmäßiges Klima. Auf Balkonen oder Terrassen bietet eine dichte „Wand" zum Beispiel aus Kapuzinerkresse einen hervorragenden Wind- und Sichtschutz, der nicht nur praktisch, sondern auch noch schön anzusehen ist.

◀ *Feuerbohnen (Bild links) sind als Sichtschutz geradezu prädestiniert, sie können bis zu 7 m hochranken und schlingen. Ihr Blattwerk bildet sich dicht aus und hält somit unliebsame Blicke von Nachbarn fern.*

Die Kletter-Tomate lässt sich auf Balkon oder Terrasse besser anbauen als im Beet.

Hanging Baskets – Blütenflor auf Augenhöhe

Neben den normalen Blumenampeln haben auf unseren Balkonen und Terrassen die sogenannten „Hanging Baskets" Einzug gehalten und sind auch im vertikalen Garten eine platzsparende, zugleich dekorative Pflanzidee. Mit diesen grobmaschigen Pflanzkörben aus witterungsbeständigem Draht oder Metallbändern lässt sich ein Kleingarten auf Augenhöhe gestalten. Es gibt auch Varianten aus Kunststoff mit Pflanzklappensystem in der Seitenwand. Das Besondere ist die Art der Bepflanzung, denn anders als bei geschlossenen Blumenampeln können Hanging Baskets nicht nur von oben, sondern auch rundherum durch die Seitenwände und sogar von unten bepflanzt werden, wodurch schnell der Eindruck einer üppig blühenden Kugel entsteht (Bild S. 40).

Diese Pflanzkörbe haben eine Einlage aus Kokosfasern mit integriertem Topfuntersetzer im Boden.

Hanging Baskets können rundherum und sogar von unten bepflanzt werden.

Welche Pflanzen?

Für die Sommermonate eignen sich am besten hängende Balkonpflanzen wie Petunien, Pelargonien, Fuchsien, Begonien oder auch Verbenen, passend zum jeweiligen Standort (sonnig oder halbschattig). Zu den fröhlich-bunten Blüten kombiniert man darüber hinaus Pflanzen mit schöner Blattstruktur wie

Silberregen, Indianerminze oder auch die Weihrauchpflanze.

Einen starken Auftritt versprechen Balkonpflanzen, die bereits als Dreiergruppe mit drei verschiedenen Pflanzen in einem Topf angeboten werden. Züchter haben dazu Kombinationen gewählt, die hinsichtlich Farben, Pflanzengattungen und Blütezeitpunkt aufeinander abgestimmt werden. Abgesehen von den blühenden Pflanzen lassen sich aber auch Erdbeeren oder kriechende Kräuter in Gefäße in luftiger Höhe einsetzen, wo sie nicht nur zum Schauen, sondern auch zum Naschen einladen.

Hanging Baskets bepflanzen und pflegen

Ehe man mit der Bepflanzung beginnt, wird der Korb mit einem Naturmaterial wie Rasenmoos, Tannenzweigen, Kokosfasern oder Sackleinen ausgekleidet, damit die Erde nicht herausrieselt. In der Regel wird dafür getrocknetes „Sphagnum Moos" verwendet. Man wählt auf jeden Fall ein luft- und wasserdurchlässiges Material, damit die Wurzeln der Pflanzen gut atmen können und keine Staunässe entsteht. Damit beim Gießen nicht das gesamte Wasser ungenutzt durch den Wurzelballen sickert und unten aus dem Korb wieder herausläuft, wird der Boden des Drahtkorbs mit einem Stück Folie ausgekleidet, die man zuvor an mehreren Stellen mit einem dünnen Nagel durchstochen hat. Sie hält so viel Gießwasser zurück, dass sich die Erde vollsaugen und das Wasser für eine gewisse Zeit speichern kann. Die Bepflanzung beginnt mit den hängenden Sommerblumen, die seitlich durch die Gitterstäbe eingesetzt werden müssen. Wenn nötig, schneidet man einen Schlitz in die Abdichtung und steckt die Wurzelballen von außen durch. Meist müssen diese zuvor mit einem scharfen Messer etwas gekürzt werden, damit sie durch das Gitter passen. Sind die Seitenwände mit Sommerblumen bestückt, wird der Korb so weit mit Blumenerde aufgefüllt, dass alle Wurzelballen bedeckt sind. Danach werden von der Mitte nach außen alle Blumen eingesetzt, die oben aus dem Hanging Basket herauswachsen sollen. Dabei füllt man die noch fehlende Blumenerde ein und gießt das Blumen-Arrangement nach dem Aufhängen gründlich an. Auch Hanging Baskets müssen im Sommer täglich gewässert und alle zwei Wochen mit Balkonblumendünger versorgt werden. Außerdem sollte man regelmäßig die verblühten Triebe auskneifen, damit sich neue Blütenknospen bilden können.

Tipp: Den Blumenkorb immer so aufhängen, dass das unten herauslaufende Gießwasser nicht auf die Polster der Gartenmöbel tropft. Idealerweise befindet sich darunter ein weiteres Pflanzgefäß, sodass das Wasser doppelt genutzt werden kann.

Ein vertikales Bienenparadies

Städte gewinnen als Lebensraum für Bienen zunehmend an Bedeutung. Auch im vertikalen Balkongarten kann es mit der richtigen Pflanzenauswahl nicht nur üppig blühen, sondern auch summen. Denn Bienen und Hummeln lassen sich mit einer bienenfreundlichen Balkonbepflanzung gezielt anlocken, womit auch ein wichtiger Beitrag zum Natur- und Umweltschutz geleistet wird. Im klassischen Balkonpflanzen-Sortiment aus Pelargonien, Petunien etc. gibt es für sie aber meist nichts zu holen. Wer möchte, dass es auf dem vertikalen Balkongarten auch summt und brummt, wird bei vielen einfachen, ungefüllten Blüten und Wildformen, insbesondere bei den heimischen Wildpflanzen, fündig. Sie können zwar nicht immer mit den üppigen und leuchtend bunten Balkonklassikern und ihrer langen Blütezeit mithalten, haben dafür aber andere Vorzüge. Wildstauden müssen nicht jedes Frühjahr gekauft und gepflanzt werden, sondern können mehrere Jahre in den Gefäßen bleiben. Eine Dauerbepflanzung punktet zudem im Winter optisch und bietet Wildbienen Winterquartier und Nistplätze.

Pflanzenauswahl und Pflanzung

Die Auswahl der Pflanzen richtet sich vor allem auch nach den Lichtverhältnissen auf dem Balkon. Viele sonnenliebende Wildpflanzen gedeihen aber auch im Halbschatten. Schattenliebende Arten kommen bei guter Erde und ausreichend Feuchtigkeit aber auch mit mehr Sonne zurecht. Das Kleinklima auf Südbalkonen vertragen wärme- und trockenheitsliebende Pflanzen am besten. Auch viele Kräuter sind wahre Delikatessen für Bienen. Ein blühender Kräuterkasten sieht schön aus und liefert reichlich Aroma für die Küche. Es ist auch sinnvoll, zwischen Blumen und Kräutern abgeschnittene, senkrecht stehende, dürr gewordene Markstängel zu stecken. Sie sind natürliche Nistplätze für Wildbienen.

Folgende Grundregeln sind bei der Pflanzung zu beachten:

- Es sollten verschiedenste heimische Blumen gepflanzt werden, um den Bienen eine reichhaltige Auswahl

Eine Honigbiene auf der Suche nach Nektar an einer Borretsch-Blüte.

an Nahrungsquellen anzubieten. Viele Wildbienenarten sind auf ganz bestimmte Pflanzen spezialisiert und fliegen nur diese auf der Pollen- und Nektarsuche an.

- Indem sowohl früh, mittel als auch spät blühende Arten angepflanzt werden, sorgt man dafür, dass die Bienen das ganze Jahr über Nahrung finden. Der Balkon sollte Blumen, Kräuter und Stauden beherbergen, die vom Frühjahr bis in den späten Herbst blühen, denn gerade außerhalb des Sommers haben Bienen oft Schwierigkeiten, Nahrung zu finden.
- Bei Kräutern nicht alles abernten, sondern immer einen Teil noch blühen lassen.
- Hochwachsende Pflanzen sind windanfällig, knicken leicht um und eignen sich deshalb nicht für den vertikalen Bienengarten.

Tipp: Es lohnt sich auch, eine Pflanzenkiste nur mit Sand und wenig Erde zu füllen, mit Steinen zu dekorieren und nur spärlich zu bepflanzen. Mit etwas Glück ziehen hier erdnistende Wildbienen ein.

Bienenfreundliche Pflanzen

Zu den für den Balkon geeigneten, bienenfreundlichen Blumen zählen: Löwenmäulchen, Husarenknöpfchen, Goldkosmos, Goldlack, Fächerblume, Glockenblume, Kapuzinerkresse, niedrige Strohblume, Ringelblume, Margerite, Männertreu, Wandelröschen, Prachtkerze, Steinkraut, Vanilleblume, Sonnenauge, Portulakröschen, Kornblume.

Bienenfreundliche Kräuter sind: Salbei, Lavendel, Thymian, Borretsch, Bohnenkraut, Schnittlauch, Majoran, Ysop, Zitronenmelisse, Pfefferminze.

Saatgutmischungen

Bienen lassen sich auch mit einjährigen, kunterbunten Sommerblumen-Mischungen anlocken. Sie schmecken den Bienen, machen optisch einiges her und schonen den Geldbeutel. Dies geht ganz einfach mit Saatbändern, die nur auf dem mit Erde gefüllten Balkonkasten ausgelegt, dann dünn mit Erde bedeckt und angegossen werden. Bei ihnen stimmt auch schon der Abstand zwischen den einzelnen Pflanzen, sodass man später nicht mehr von Hand ausdünnen muss. Wenn es dazu auch ein wenig Geduld braucht, ist es doch schön, die Pflanzen wachsen und gedeihen zu sehen.

Auch niedrig wachsende Sorten des Löwenmäulchens sind eine begehrte Bienenweide.

1 Kornblume, 2 Glockenblume, 3 Margerite, 4 Strohblume, 5 Schmuckkörbchen, 6 Borretsch

Pflanzen im Porträt

Auf den folgenden Seiten wird eine Auswahl an Pflanzen vorgestellt, mit denen sich einfach und ohne Aufwand auf unterschiedlichste Weise ein vertikaler Garten auf kleinem Raum anlegen lässt. Ob Blumen-, Gemüse-, Obst oder Kräutergarten, Bienenweide oder Kletterpflanzen für den Sichtschutz – alles ist möglich und erlaubt.

Narzisse
Narcissus

Von den hierzulande erhältlichen 130 Narzissensorten empfehlen sich für die Balkonpflanzung Zwerg- oder niedrige Sorten mit 10–40 cm Höhe. Für die vertikale Pflanzung eignen sich Kleinblütige Narzissen (Kleinkronige-, Tazetten-, Jonquilla- und Poeticus-Narzissen). Narzissen gedeihen an einem sonnigen bis halbschattigen Standort. Blütezeit April/Mai.

Frühlings-Krokus
Crocus vernus

Im Handel sind großblumige 10–15 cm hohe Sorten in Weiß, Gelb und Violett- bis Lavendelblau mit einem dunklen Streifen an der Außenseite, die kleinblütige Stammform ist kaum mehr in Kultur. Die Blüten erscheinen vor den grasartigen Blättern. Der Krokus braucht einen sonnigen Standort. Am besten in Gruppen setzen, Pflanztiefe 5–10 cm. Blütezeit Februar/März.

Traubenhyazinthe
Muscari

Für die Gefäßkultur eigen sich *M. armeniacum* und *M. botryoides* und ihre Sorten am besten. Beide werden 10–20 cm hoch, bilden schmale, grasartige Blätter und kegelförmige Blütentrauben in Blau, Lila, Rosa oder Weiß, die an einem blattlosen Stängel sitzen. Traubenhyazinthen fühlen sich an einem sonnigen bis halbschattigen Platz wohl. Blütezeit April/Mai.

Tulpe
Tulipa-Hybriden

Es gibt zahlreiche Züchtungen mit unterschiedlichen Blütenformen und -farben sowie Blütezeiten. Aus jeder Zwiebel entwickelt sich ein 40–80 cm hoher Blütenstiel mit großen, breiten, bläulich bereiften Blättern. Tulpen brauchen einen sonnigen Standort und ein durchlässiges Substrat. Blühende Pflanzen vor Spätfrösten schützen. Blütezeit März bis Mai/Juni.

Anemone
Anemone blanda

Im Handel sind einfache, halb gefüllte und gefüllte Sorten. Die Farbpalette der Blüten reicht von Weiß über Dunkelblau bis hin zu vielen Rosavarianten. *A. blanda* zählt zu den besonders früh blühenden Anemonen. Sie wächst 10–15 cm hoch und braucht einen sonnigen bis halbschattigen Standort mit frischem, durchlässigem Substrat. Blütezeit März bis Mai.

Kissenprimel
Primula vulgaris

Primeln gelten wegen ihrer leuchtend bunten Farben als die beliebtesten Frühlingsblumen. Die Blüten von *P. vulgaris* sitzen nur wenige Zentimeter über dem Boden, inmitten einer frischgrünen Blattrosette. Die tellerförmigen Blüten duften angenehm. Der Standort sollte sonnig bis halbschattig mit frischer bis feuchter Erde sein. Blütezeit Februar bis Mai.

Stiefmütterchen
Viola wittrockiana-Hybriden

Die Blüten des Stiefmütterchens zeigen sich in vielen verschiedenen Farben, Formen und Schattierungen, auch mehrfarbig mit kontrastierendem Auge. Der Wuchs ist breit und kompakt. Als Standort wird ein sonniger Platz bevorzugt. Stiefmütterchen sind winterhart, der Wurzelballen sollte vor starkem Frost geschützt werden. Blütezeit März bis Mai.

Maßliebchen
Bellis perennis

Das Maßliebchen ist eine Kulturform des Gänseblümchens. Aus niedrigen, flachen, kompakten Blattrosetten wachsen einzelne gefüllte oder halb gefüllte Blütenbälle, je nach Sorte in Weiß, Rosa oder verschiedenen Rottönen. Das Maßliebchen braucht einen sonnigen bis halbschattigen Standort in frischem bis feuchtem, lockerem Substrat. Blütezeit April bis Juni.

Vergissmeinnicht
Myosotis sylvatica

Das Vergissmeinnicht wird wegen seiner anmutigen, himmelblauen Blüten geschätzt. Es gibt auch weiß- und rosa blühende Sorten. Die kleinen Einzelblüten stehen in dichten, von rauhehaarten, länglichen Blättern umfassten Trauben zusammen. Das Vergissmeinnicht braucht einen sonnigen bis halbschattigen Platz mit frischem Substrat. Blütezeit April bis Juni.

Hängepelargonien
Pelargonium-Peltatum-Hybriden

Die beliebten Balkonpflanzen, die man landläufig auch „Hängegeranien" nennt, überzeugen durch ihre lang anhaltende Blüte und Widerstandsfähigkeit. Mit ihren stark verzweigten, langen Trieben bilden sie schnell üppige Blütenvorhänge in zahlreichen Farbvarianten. Pelargonien brauchen einen sonnigen bis halbschattigen Platz. Blütezeit Mai bis Oktober.

Petunien
Petunia-Hybriden

Petunien bezaubern durch ihre trichterförmigen, samtartigen Blütenkronen und zeigen eine große Farbenvielfalt. Je nach Sortengruppen kann man zwischen großen und kleinen, gefüllten und ungefüllten Blüten wählen. Der Wuchs ist aufrecht oder überhängend mit langen Trieben. Der Standort sollte sonnig bis halbschattig sein. Blütezeit Mai bis September.

Männertreu
Lobelia erinus

Über dunkelgrünem Laub schmücken zierliche Blüten in Blau, Violett, aber auch in Weiß oder Rosa die langen Triebe der Pflanze. Das Sortiment umfasst buschige, aber auch hängende Sorten, deren üppiger Blütenflor überhängend in Pflanzgefäßen gut zur Geltung kommt. Männertreu braucht einen sonnigen bis halbschattigen Standort. Blütezeit Juli bis September.

Zinnie
Zinnia-Arten

Zinnien sind hübsche Sommerblüher mit verschieden geformten Strahlenblüten in leuchtenden Farben und Farbkombinationen. *Z. elegans* trägt einfache und gefüllte Blüten, bei *Z. angustifolia* erscheinen hübsche kleine Sternblüten dicht an dicht über den reich verzweigten Büschen. Die Zinnie braucht einen sonnigen, windgeschützten Platz. Blütezeit Juli bis September.

Australisches Gänseblümchen
Brachyscome iberidifolia

Die Pflanzen mit ihrem zarten Laub und den feingliedrigen, sternförmigen Blüten in Blau, Rosa oder Gelb eignen sich gut als blühende Kugeln in dekorativen Arrangements. Der niedrige Wuchs bedingt ein natürliches, seitliches Herunterhängen. Das Australische Gänseblümchen braucht einen sonnigen bis halbschattigen Standort. Blütezeit Juni bis Oktober.

Kapkörbchen
Osteospermum-Hybriden

Mit ihren seidigen, margeritenähnlichen Blüten (deshalb auch Kapmargerite genannt) in Weiß, Rosa, Gelb, Orange, Malve oder sanften Pastelltönen, mit gelber oder dunkler Mitte lässt sich die Blume vielseitig einsetzen. Ihre Blüten öffnen sich ganz nur bei voller Sonne. Das Kapkörbchen bevorzugt einen sonnigen Platz. Blütezeit Juni bis September.

Fächerblume
Scaevola aemula

Die hängende Pflanze ist so beliebt, weil sie sich gut zum Kaschieren von Pflanzgefäßen eignet und mit einer üppigen, lang anhaltenden Blüte erfreut. Das tiefe Blau der Blüten verdeckt dabei praktisch das Grün der Blätter. Die Fächerblume macht sich besonders gut in einem Hanging Basket. Sie braucht einen sonnigen Platz. Blütezeit Juni bis Oktober.

Fleißiges Lieschen
Impatiens-Hybriden

Ihren Namen verdankt die Pflanze ihrer unermüdlichen Blühfreudigkeit. Die tellerförmigen, einfachen oder gefüllten Blüten besitzen einen langen Sporn und leuchten in mehr oder weniger kräftigen Farben. Sie sitzen meist zu mehreren in den Blattachseln. Das Fleißige Lieschen braucht einen sonnigen bis halbschattigen Platz. Blütezeit Juni bis Oktober.

Husarenknopf
Sanvitalia procumbens

Den ganzen Sommer über bringt der Husarenknopf seine Blüten hervor, die an Sonnenblumen-Miniaturausgaben erinnern. Die braune Blumenmitte ergibt einen schönen Kontrast zu den gelben oder orangen Kronblättern. Wegen der überhängenden Triebe eignet sich die Pflanze gut für Hanging Baskets. Sie braucht einen sonnigen Standort. Blütezeit Juni bis Oktober.

Schmuckkörbchen
Cosmea-Arten

Die Pflanze mit ihrem duftigen, fast fadenförmigen Laub zeigt ihre Blüten erst im Hochsommer. *C. sulphureus* bildet dichte Büsche mit meist halbgefüllten, gelben, orangen und feuerroten Blüten. *C. bipinnatus* trägt große, einfache Blütenteller überwiegend in Pastelltönen. Das Schmuckkörbchen braucht einen sonnigen Platz. Blütezeit Juli bis Oktober.

Studentenblume
Tagetes-Hybriden

Die Pflanze ist wegen ihres üppigen Blütenreichtums, ihrer Formenvielfalt und ihrer Anspruchslosigkeit sehr beliebt. *Tagetes-erecta*-Hybriden bilden riesige Blütenbälle in Gelb, Orange, auch zweifarbig aus. *Tagetes-patula*-Hybriden schmücken sich mit kleineren, zierlich gerüschten Blüten. Die Studentenblume braucht einen sonnigen Standort. Blütezeit Mai bis Oktober.

Löwenmäulchen
Antirrhinum majus

Das Löwenmäulchen trägt seinen Namen nach den eigenartig geformten Blüten, die sich beim Zusammendrücken wie ein Mäulchen öffnen. Die Einzelblüten sind zu einem kerzenartigen Blütenstand zusammengefasst. Es gibt zahlreiche Sorten in allen Farben, außer Blau. Die Pflanze braucht einen sonnigen bis halbschattigen Platz. Blütezeit Juni bis September.

Herbstastern
Aster-Arten

Die farbenfrohen Blütenteppiche der Kissenaster (*A. dumosus*-Hybriden) und die hohen Büsche der Raublattaster (*A. novae-angliae*) und Glattblattaster (*A. novi-belgii*) ergänzen einander harmonisch und entfachen am Ende des Gartenjahres nochmals ein prachtvolles Farbenfeuerwerk. Die Aster bevorzugt einen sonnigen Platz. Blütezeit September bis November.

Christrose
Helleborus niger

Schon ab Dezember recken sich die bis 30 cm hohen Stängel der Christrose mit jeweils mehreren großen, weißen Blüten aus dem Schnee. *Helleborus*-Hybriden blühen ab Februar und setzen dann kräftige Farbpunkte. Ihre übergeneigten Blütenschalen sind oft hübsch gezeichnet. Die Christrose braucht einen halbschattigen Standort. Blütezeit Dezember bis April.

Besenheide
Calluna vulgaris

Die locker aufgerichteten, manchmal niederliegenden Triebe der Besenheide sind dicht mit schuppenförmigen Blättchen besetzt, die sich im Winter verfärben. Die kleinen glöckchenförmigen rosa, weißen, roten oder violetten Blüten erscheinen in reicher Zahl. Die Pflanze braucht einen sonnigen bis halbschattigen Standort. Blütezeit Juni bis Oktober.

Schneeheide
Erica carnea

Die frostharte, bis 30 cm hohe Schneeheide zählt zu den beliebtesten Winterblühern. Ihre rosafarbenen, weißen oder roten, schmalglockig geformten Blüten bringen Fröhlichkeit in trübe Wintertage. Die verzweigten, bogigen Stängel tragen nadelförmige Blättchen. Die Pflanze braucht einen sonnigen bis halbschattigen Standort. Blütezeit November bis April.

Scheinbeere
Gaultheria procumbens

Die Scheinbeere ist ein bis 20 cm hoher, immergrüner Zwergstrauch mit glänzenden, ovalen Blättern, die sich im Herbst verfärben. Aus den weiß-rosa gefärbten, einzeln oder traubig stehenden Blüten entwickeln sich ab September kugelige, rote, perlenartige Früchte. Die Scheinbeere braucht einen halbschattigen bis schattigen Standort. Blütezeit Juli/August.

Herbstchrysanthemen
Chrysanthemum-Indicum-Hybriden

Herbstchrysanthemen sind wertvolle Spätblüher für geschützte, warme Lagen. Die Sorte "Bienchen" besticht durch eine Vielzahl kleiner, goldgelber Pomponblütchen mit orangebrauner Mitte. Aufgrund längerer Blüte eignet sie sich ausgezeichnet für die Herbstpflanzung. Herbstchrysanthemen brauchen einen sonnigen Standort. Blütezeit September bis November.

Petersilie
Petroselinum crispum

Die zweijährige, 25–30 cm hohe Pflanze bildet reichlich würziges Laub aus. Es gibt glattblättrige und krause Sorten. Schnittpetersilie ist am geschützten Platz winterhart und kann ganzjährig geerntet werden. Sie braucht einen sonnigen bis halbschattigen Standort mit nährstoffreicher, durchlässiger Erde. Ernte laufend bis zur Blüte.

Pfefferminze
Mentha x piperita

Die winterharte, mehrjährige, aromatisch duftende, 30–90 cm hohe Pflanze hat dunkelgrüne, manchmal rötlich überhauchte, stark gezähnte Blätter. Die lavendelfarbenen Blüten sind überwiegend in Scheinquirlen angeordnet. Die Pfefferminze braucht einen sonnigen bis halbschattigen Standort. Ernte der Blätter und Triebspitzen bis zur Blüte den ganzen Sommer.

Schnittlauch
Allium schoenoprasum

Aus einer kirschgroßen Zwiebel sprießen in Büscheln bis 30 cm hohe, hohle, dunkelgrüne Blätter, die je nach Sorte verschieden dick sind. An ihren Enden bilden sich ab Juli zahlreiche blassrote Blütendolden mit einem milden Zwiebelgeschmack aus. Schnittlauch braucht einen sonnigen bis halbschattigen Standort. Ernte laufend während der Vegetationszeit.

Dill
Anethum graveolens

Die einjährige, bis 90 cm hohe Pflanze trägt fein verzweigte, fast fadenförmige Blättchen. Von Juli bis August erscheinen reichlich gelbgrüne, vierstrahlige Doldenblüten, deren Duft blattlausverzehrende Insekten anziehen. Es gibt verschiedene Hochzuchtformen. Dill braucht einen sonnigen bis halbschattigen Standort. Ernte den ganzen Sommer über.

Zitronenmelisse
Melissa officinalis

Die Zitronen-Melisse ist eine ausdauernde, 30–70 cm hohe Pflanze. Aus dem weit verzweigten Wurzelstock steigen behaarte, verästelte Stängel hoch. Die eiförmigen, gekräuselten, am Rand gesägten Blätter verströmen bei Berührung einen intensiven Zitronenduft. Die Pflanze braucht einen sonnigen, windgeschützten Platz. Ernte von Frühjahr bis Herbst.

Majoran
Origanum majorana

Die mehrjährige, 20–50 cm hohe Pflanze wird bei uns nur einjährig kultiviert. Die hellgrünen, runden, gegenständigen Laubblätter duften aromatisch. Von Juni bis September erscheinen kleine, weiße, lila oder rosafarbene Blüten in kompakten, fast kugeligen Blütenständen. Majoran braucht einen sonnigen Standort. Ernte vor, spätestens während der Blüte.

Oregano
Origanum vulgare

Die winterharte, mehrjährige Pflanze wächst bis zu 45 cm hoch. Die dunkelgrünen, leicht behaarten Blätter riechen aromatisch. Die aufrechten Stängel sind oft rötlich gefärbt. Die kleinen, röhrenförmigen, rosa Blüten erscheinen im Juni/Juli. Oregano braucht einen warmen, vollsonnigen, windgeschützten Platz. Ernte laufend während der Vegetationsphase.

Thymian
Thymus vulgaris

Thymian ist ein aromatisch riechender, mehrjähriger, immergrüner, bis 40 cm hoher, stark verästelter Halbstrauch mit winzigen, oberseits graugrünen Blättchen. An den Zweigenden erscheinen von Mai bis September rosafarbene, kugelige Blüten. Der Thymian braucht einen windgeschützten, warmen, sonnigen bis halbschattigen Platz. Ernte von Frühjahr bis Herbst.

Basilikum
Ocimum basilicum

Basilikum ist eine sortenreiche, einjährige, buschig wachsende, 20–60 cm hohe Pflanze mit zarten, hellgrünen oder rötlichen, ovalen, leicht gezähnten, hocharomatischen Blättern. In den Triebspitzen erscheinen von Juli bis September weißlich-rosafarbene Blüten. Basilikum braucht einen warmen, sonnigen Standort. Ernte den ganzen Sommer über.

Salbei
Salvia officinalis

Der immergrüne, mehrjährige, winterharte Halbstrauch hat graufilzig behaarte Stängel mit ovalen, weichen, grün-silbrigen, aromatisch duftenden Blättern. Im Juli/August erscheinen die hellblauen bis lila Blüten, die große Anziehungskraft auf Bienen und Hummeln ausüben. Salbei braucht einen sonnigen, warmen Platz. Ernte laufend von Frühsommer bis Herbst.

Lavendel
Lavandula angustifolia

Lavendel ist ein 30–50 cm hoher, mehrjähriger, winterharter Halbstrauch mit dicht gedrängten Stängeln, an denen lanzettliche, ganzrandige, silbergrau schimmernde, aromatisch duftende Blätter sitzen. Im Juli/August erscheinen die kleinen, dunkel- bis violettblauen Blüten. Lavendel braucht einen sonnigen Standort. Ernte sobald sich die Blüten öffnen.

Rosmarin
Rosmarinus officinalis

Der winterharte, immergrüne, dicht verzweigte Strauch wächst 30–200 cm hoch. Aus den Ästen wachsen im Frühjahr hellgrüne Triebe mit graugrünen, nadelartigen Blättern. In den Blattachseln entwickeln sich im Mai/Juni Kurztriebe mit blauen oder rosa Blüten. Beim Zerreiben duftet die ganze Pflanze aromatisch. Sie braucht einen sonnigen Platz. Ernte ganzjährig.

Paprika
Capsicum annuum

Bei dem buschigen, kälteempfindlichen Fruchtgemüse wird zwischen Gemüsepaprika (mild) und Gewürzpaprika (scharf) unterschieden. Die Paprika gedeiht an einem sonnigen, wind- und regengeschützten Standort. Höher wachsende Sorten an einem Bambusstock aufleiten, niedrige Sorten buschig wachsen lassen. Ernte, wenn die ersten Früchte leicht schimmern.

Tomate
Lycopersicon lycopersicum

Das beliebte, stark verzweigte Fruchtgemüse ist frostempfindlich. Man unterscheidet hoch wachsende Stabtomaten und niedrige Buschtomaten; sie sind in vielen Sorten erhältlich. Die grüne Pflanze hat einen typischen Geruch. Die Tomate braucht einen windgeschützten, warmen, vollsonnigen Standort. Fruchtende Pflanze anbinden. Ernte vollreif direkt zum Verzehr.

Zucchini
Cucurbita pepo

Die buschige Pflanze mit großen, meist gelappten Blättern und länglichen Früchten ist in verschiedenen Sorten erhältlich. Gelbe männliche und weibliche (ebenfalls essbare) Blüten, aber nur die weiblichen bilden Früchte aus. Zucchini gedeihen an einem hellen bis sonnigen, windgeschützten Standort. Blütezeit Mai/Juni. Ernte Juli bis Oktober.

Gemüsepflanzen

Gurke
Cucumis sativus

Rankende Pflanze mit gelben männlichen und weiblichen Blüten, Stängel und Blätter sind mit borstigen Härchen besetzt. Neue Sorten mit meist weiblichen Blüten bilden ohne Bestäubung Früchte aus. Gurken brauchen einen windgeschützten, warmen, hellen, nicht vollsonnigen Platz. Sie müssen meist gestützt und aufgeleitet werden. Ernte Juni bis September.

Bohnen
Phaseolus vulgaris

Bei den Bohnen sind vor allem die bis zu 40 cm hohen Buschbohnen für den Anbau auf dem Balkon geeignet. Sie brauchen auf jeden Fall eine Rankhilfe, können aber auch gut am Balkongeländer emporwachsen. Alle Bohnen sind frostempfindlich. Sie brauchen einen sonnigen bis halbschattigen, windgeschützten Platz. Ernte je nach Sorte Juni bis Oktober.

Radieschen
Raphanus sativus

Radieschen lassen sich einfach aus Samen im Blumenkasten anbauen. Neben den klassischen roten Radieschen gibt es auch längliche, schwarze, gelbe, violette, weiße, große und kleine Sorten. Die Pflanzen brauchen sonnigen bis halbschattigen Standort. Radieschen sind schnell wachsende Pflanzen, sie können bereits 4–6 Wochen nach dem Aussaattermin geerntet werden.

Brombeere
Rubus fruticosus

Bis 2 m hoher Halbstrauch mit gefiederten Blättern, weißen Blüten und glänzend schwarzen Früchten. Für den Balkon eignen sich in erster Linie die aufrecht wachsenden, dornenlosen Sorten. Sie tragen die Früchte auch an kürzeren Ranken und sind leichter im Wuchs zu kontrollieren. Die Brombeere braucht einen sonnigen Standort. Ernte August bis Oktober.

Himbeere
Rubus idaeus

Bis 2 m hoher Halbstrauch mit zahlreichen feinen Dornen an den Ästen; rote, rosa oder gelbe Früchte. Für den Anbau auf dem Balkon eignen sich vor allem herbsttragende Sorten, sie schießen nicht so in die Höhe wie sommertragende. Die Himbeere braucht einen sonnigen bis halbschattigen, windgeschützten Standort. Ernte je nach Sorte Juni bis Oktober.

Erdbeere
Fragaria x ananassa

Mehrjährige, buschige, ausläufertreibende, etwa 40 cm hohe Staude mit dreiteiligen, gezähnten Blättern, weißen Blüten und roten Früchten im Sommer. Reich verzweigte Fruchtstände, die nach dem Fruchtansatz zum Boden herabhängen. Viele Sorten. Die Erdbeere braucht einen sonnigen, regengeschützten Standort; Winterschutz. Ernte je nach Sorte Juni bis Oktober.

Johannisbeere
Ribes rubrum, Ribes nigrum

Der kleine, robuste, reich verzweigte, 1–2 m hohe Strauch (auch als Hochstämmchen) wurzelt flach, breitet sich aber etwas aus. Er trägt gelappte Blätter, selbstfruchtbare Blüten und in Trauben hängende, rote und schwarze Beeren. Viele Züchtungen sowie die „Jostabeere". Die Johannisbeere braucht einen sonnigen bis halbschattigen Standort. Ernte ab Juli.

Apfel
Malus domestica

Auf das heimische Kernobst muss man auch auf dem Balkon nicht verzichten, wenn es am Spalier gezogen wird. Die Spalierform wird durch regelmäßigen und gezielten Schnitt erzogen. Geeignet dafür sind z. B. die Sorten 'Freedom', 'Piros' und 'Rebella'. Der Apfel braucht einen sonnigen bis halbschattigen Platz. Ernte je nach Sorte Juli bis September.

Weinrebe
Vitis vinifera

Die starkwüchsige Kletterpflanze ist eine uralte Kulturpflanze mit selbstfruchtbaren Blüten im Juni und Früchten im Spätsommer. Sie lässt sich ohne großen Aufwand auch auf dem Balkon kultivieren. Im Handel sind viele blaue und weiße Sorten. Die Weinrebe braucht einen sonnigen bis halbschattigen, geschützten Platz; Winterschutz. Ernte August bis Oktober.

Schwarzäugige Susanne
Thunbergia alata

Der bei uns einjährig gezogene, sich windende Sommerblüher lässt sich leicht heranziehen. Er wächst bis zu 2 m hoch, trägt herzförmige, langgestielte, dunkelgrüne Blätter und goldgelbe bis orange, auch weiße Trichterblüten mit einem schwarzen Auge (Name!). Die Pflanze braucht einen sonnigen, warmen und geschützten Platz. Blütezeit Mai/Juni bis Oktober.

Blaue Mauritius
Convolvulus sabatius

Die halbstrauchig wachsende Pflanze lässt sich gut in Blumenkästen oder Ampeln pflanzen. Sie bildet zahlreiche, einem Wurzelstock entspringende, meterlange, hängende Zweige mit silbergrünen Blättern. Die hell- bis violettblauen Trichterblüten schließen sich am Abend. Die Blaue Mauritius braucht einen sonnigen bis hellen Platz. Blütezeit Mai bis Oktober.

Kapuzinerkresse
Tropaeolum majus

Die Kapuzinerkresse ist eine kletternde oder kriechende, 20–40 cm hohe Pflanze, einige Sorten mit bis zu 3 m langen Trieben. Man kann sie gut an Spalieren emporranken lassen. Die frischgrünen Blätter sind herzförmig, die gefüllten oder ungefüllten Blüten sind gelb, orange oder rot. Die Pflanze braucht einen sonnigen Platz. Blütezeit Juni/Juli bis Oktober.

Kletterpflanzen

Duftwicke
Lathyrus odoratus

Die einjährige Kletterpflanze trägt an kantigen, 1–2 cm hohen Stängeln paarig gefiederte Blätter und lockere Blütentrauben aus 3–7 wunderbar duftenden, 2,5–5 cm großen Einzelblüten in Weiß, Rosa, Violett und Blau. Zahlreiche Sorten. Die Duftwicke braucht einen sonnigen, geschützten Platz, verträgt aber keine pralle Mittagssonne. Blütezeit Juni bis September.

Waldrebe
Clematis

Waldreben eignen sich auch für die Topfkultur, insbesondere bis zu 3 m hoch wachsende Vertreter wie die Sorten von *C. viticella*, *C. flammula* sowie diverse Hybriden. Die tellerförmig ausgebreiteten Blüten erscheinen in Weiß, Rosa sowie in verschiedenen Blautönen. Die Waldrebe braucht einen halbschattigen Platz. Blütezeit je nach Sorte Mai bis September.

Geißblatt
Lonicera caprifolium

Der sommergrüne Schlinger eignet sich wegen seines dichten Wuchses sowie der immergrünen, schön geformten lanzettlichen Blätter auch gut für die Topfkultur. Aus den duftenden, gelbroten Blüten entwickeln sich im Herbst dekorative Früchte, die allerdings giftig sind! Das Geißblatt braucht einen sonnigen bis halbschattigen Standort. Blütezeit Juni/Juli.

Winterjasmin
Jasminum nudiflorum

Der breit wachsende, stark überhängende Strauch ist ein Spreizklimmer, der an einer Rankhilfe bis 3 m hoch klettern kann. Die 1–3 cm langen, tiefgrünen Blätter fallen erst im Vorfrühling ab. Die gelben, bis 3 cm großen Blüten erscheinen am vorjährigen Holz. Die Pflanze braucht einen sonnigen bis halbschattigen Platz. Blütezeit Februar bis April.

Efeu
Hedera helix

Der Efeu bildet im Kübel 1,5–5 m lange Triebe und kann 1–2 m breit werden. Die immergrünen Blätter sind lederartig, glänzend grün oder panaschiert. Unscheinbare, grün-gelbe Blüten erscheinen erst bei älteren Pflanzen (nach 5–10 Jahren). Efeu ist abgasresistent und für das Stadtklima gut geeignet. Er braucht einen halbschattigen bis schattigen Platz.

Wilder Wein
Parthenocissus

Die sommergrünen Klettersträucher werden bis zu 10 m hoch. Mit den zu Haftscheiben umgebildeten Ranken verankern sie sich am Untergrund. *P. quinquefolia* und *P. tricuspidata* vertragen das Stadtklima gut und eignen sich besonders zur flächigen Begrünung von Wänden. Der Wilde Wein braucht einen sonnigen bis halbschattigen Platz. Im Herbst rote Blattfärbung.

Kletterpflanzen

Den vertikalen Garten pflanzen und pflegen

Für die Pflanzen im vertikalen Garten herrschen besondere Bedingungen, denn sie sind den Einflüssen der Umgebung – Sonne, Wind, Regen – besonders ausgesetzt. Der Wurzelraum in den mehr oder weniger kleinen Pflanzgefäßen ist begrenzt. Damit es im Hochgarten dennoch grünt und blüht, ist bereits beim Kauf unbedingt auf gesunde und robuste Pflanzen zu achten. Pflanzung und Pflege sollten dementsprechend sorgfältig und regelmäßig erfolgen.

So gedeiht der Hochgarten

Was ein richtiger „Balkongärtner" ist, den treibt die Vorfreude auf künftige Blumenpracht auf dem Balkon im Frühjahr in die Gärtnereien, Gartencenter und auf Wochenmärkte. Balkonblumen kann man als blühende Pflanzen oder als noch nicht blühende Jungpflanzen kaufen. Blühende Pflanzen sind zwar teurer als Jungpflanzen oder Samen, haben aber den Vorteil, sich schnell und ohne aufwändige Vorbereitung pflanzen zu lassen. Angebot und Vielfalt an Balkonblumen machen es möglich, dass man sich rund ums Jahr an blühendem Balkonschmuck erfreuen kann und für die Gestaltung von Balkon und Terrasse nicht die Fantasie bemühen muss, sondern gleich beim Kauf die Blumen nach Farben und Formen kombinieren kann. Doch man sollte keinesfalls in einen Kaufrausch verfallen, sondern bedenken, dass jede neue Pflanze Platz, ein entsprechendes Behältnis, Erde und natürlich sorgfältige Pflege braucht. Vor allem aber müssen bei der Pflanzenauswahl der künftige Standort und die eigenen Vorstellungen zur Gestaltung berücksichtigt werden.

Balkonpflanzen werden frisch und in großer Auswahl in Gärtnereien angeboten.

Wo kauft man die Balkonpflanzen?

Am besten in Gärtnereien, die Balkonpflanzen selbst kultivieren. Im Gartencenter oder auf dem Wochenmarkt findet man aber ebenfalls ein reichhaltiges Angebot mit meist guter Qualität und auch kundiger Beratung.

Kauftipps für 4 Jahreszeiten

Frühjahrsblüher: Zwiebeln zur eigenen Anzucht im September/Oktober kaufen und stecken.

Sommerblumen: Jungpflanzen sind ab März, blühende Balkonblumen ab April erhältlich. Einjährige werden je nach ihrer Kulturzeit zwischen Februar und April ausgesät. Zweijährige sät man am besten im Juli/August des Vorjahres aus oder kauft sie vorgezogen.

Herbstblumen: Herbstblühende Stauden im Frühjahr als Jungpflanzen kaufen und pflanzen. Astern, Chrysanthemen und Erika sind ab August/September blühend erhältlich.

Winterbepflanzung: Immergrüne und winterblühende Gewächse ab Frühjahr oder Herbst pflanzen und pflegen.

Tipp: Gärtnereien bieten die Möglichkeit, bereits früh im Jahr Pflanzen zu bestellen, und erfüllen auch Sonderwünsche.

Woran erkennt man die Qualität der Pflanzen?

- Sie wachsen buschig mit gleichmäßig langen Trieben; lange, helle, nur spärlich belaubte Triebe zeigen einen zu dunklen Stand an.
- Ihr Laub besitzt die sortentypische Farbe. Es dürfen keine Flecken oder vergilbte Blätter zu sehen sein. Schlappes Laub und abgeknickte Stängel weisen auf schlechte Lager- und Transportbedingungen hin.
- Der Wurzelballen sollte gut durchwurzelt und weder zu feucht noch zu trocken sein. Er fällt beim Herausziehen aus dem Topf nicht auseinander und zeigt viele helle Wurzeln.
- Ihr Gesamteindruck ist gesund und kräftig und sie besitzen bereits einen kräftigen Knospenansatz.
- Die Pflanzen sind mit einem Etikett versehen, das den jeweiligen botanischen Namen, die Sorte sowie Standort und Blütezeit angibt.

Werkzeug und Zubehör

Zur Pflanzung und Pflege der Pflanzen ist auch im vertikalen Balkongarten eine passende Grundausstattung nötig. Sie sollte für die räumlichen Gegebenheiten geeignet und robust sein. Wenn Werkzeug und Zubehör auch noch formschön sind, macht das Gärtnern besonders Spaß.

- Bei der Bewässerung der Pflanzen kommen vor allem Gießkannen zum

In Pflanztaschen aus Sackleinen lässt sich auch gut Gartenwerkzeug unterbringen.

Einsatz. Im vertikalen Garten ist es sinnvoll, mehrere kleine, handliche Gießkannen einzusetzen. Geeignet sind vor allem Kannen mit einer langen Tülle, mit der man gezielt gießen kann. Samen und Jungpflanzen müssen behutsam gegossen werden. Hierfür braucht man eine Gießkanne mit Brausekopf.

- Zum Einfüllen und Auflockern der Erde sowie zum Ausheben von Pflanzlöchern benötigt man eine kleine Handschaufel und Handgabel. Geräte aus Edelstahl sehen nicht nur schön aus, sie sind auch langlebig und mit Holzgriff liegen sie gut in der Hand.
- Ab und zu müssen auch die Pflanzen im vertikalen Garten ausgelichtet werden, eine Rosenschere leistet hier gute Dienste.

Tipp: Zunächst alle Balkonpflanzen zur Akklimatisierung einige Tage im Freien an einen hellen, kühlen Platz stellen, der vor Sonne, Wind und Regen geschützt ist.

Das richtige Substrat

In Gefäßen kultivierte Pflanzen müssen mit einem wesentlich begrenzteren Wurzelraum auskommen als im Freien ausgepflanzte Gewächse. Deshalb muss man bei der Auswahl bzw. Aufbereitung des Substrats größte Sorgfalt walten lassen.

Stehende Pflanzbeutel können mit jedem Substrat bepflanzt werden, das sich auch für herkömmliche Blumentöpfe eignet. Es lassen sich also alle Arten von Erden, Kokossubstrat, Blähtonkügelchen, Perlite und andere Hydrosubstrate nutzen. Beim Substrat für *hängende Pflanzbeutel oder -gefäße* sind einige Besonderheiten zu beachten. Da sie vor allem durch die Pflanzlöcher in der Seitenwand, von oben und in besonderen Fällen auch von unten bepflanzt werden, kommen viele einzelne Pflanzen auf einem sehr beschränkten Raum zusammen. Dies kann zu starkem Konkurrenzkampf zwischen den Pflanzen sowie Wasser- und Nährstoffmangel führen. Diese Probleme lassen sich durch die richtige Substratauswahl bzw. -zubereitung begrenzen.

Meist werden hängende Pflanzbeutel mit ein- und mehrjährigen Blumen, Kräutern oder Gemüse bepflanzt, die einen hohen Bedarf an Nährstoffen haben. Deshalb empfiehlt es sich, eine mit Langzeitdünger versetzte Erde zu wählen, denn diese gibt die gespeicherten Nährstoffe dosiert über einen längeren Zeitraum von 6–12 Wochen ab, erst danach muss nachgedüngt werden.

Leider sind in den Substratpackungen die Inhaltsstoffe häufig ungenügend bzw. ungenau angegeben. Sie können auch unerwünschte Stoffe enthalten. Deshalb sollte man sich überlegen, für seinen vertikalen Garten eine eigene

Hängende Pflanzen nur unten einsetzen, damit sie die anderen nicht überwachsen.

Pflanzerde zu mischen, beim Mengenverhältnis kann man sich an die Händlerangabe halten. Folgende Bestandteile sollte eine gute Substratmischung möglichst enthalten:

Sand: am besten grober kalkfreier Quarzsand

Kokosfasern: verbessern die Struktur des Bodens, können gut Wasser speichern und sorgen für Belüftung durch ständiges Quellen und Schrumpfen

Hornspäne: ausgezeichneter Langzeitdünger

Urgesteinsmehl: enthält viele Mineralien und Spurenelemente und stärkt die Pflanzen gegen Pilzbefall

Splitt: stark zerkleinertes Gestein verschiedener Zusammensetzung, das vor allem für die Drainageschicht infrage kommt

Perlite: unter hohen Temperaturen aufbereitetes, poröses Vulkangestein, das die Erde lockert und zugleich in den Poren Wasser speichern kann

Pflanzen direkt ansäen

Pflanzbeutel lassen sich nicht nur mit vorgezogenen Pflänzchen bestücken, man kann auch Saatgut direkt hineinsäen. Dazu ist allerdings etwas Geduld und gärtnerisches Geschick nötig. Im folgenden Beispiel wird Kapuzinerkresse direkt in einen hängenden Pflanzbeutel gesät, der nur auf einer Seite vorgefertigte Pflanzlöcher hat.

Benötigte Materialien: Pflanzbeutel, fertiges Substrat, Saatgut, kleine Pflanzschaufel, stabile Klammern, Pikierstab, Gießkanne.

1. Den Pflanzbeutel mit dem Substrat füllen. Dabei ein paar Mal den Beutel auf die Unterlage klopfen, damit sich das Substrat gut verdichtet und keine Hohlräume entstehen. Abschließend mit der Hand von oben gut andrücken.

2. Das Substrat gut angießen. In der Regel fällt es dabei nochmals zusammen und verdichtet sich. Entsteht dadurch mehr Platz im Pflanzbeutel, nochmals Erde nachfüllen, mit der Hand andrücken und wieder angießen. Diesen Vorgang so lange wiederholen, bis der Pflanzbeutel prall gefüllt ist.

3. Um zu verhindern, dass beim Gießen – während der Zeit, in der die Samen auflaufen müssen und der Pflanzbeutel flach liegen sollte – nicht das verdichtete Erdreich mitsamt den Samen aus dem Beutel gespült wird, klemmt man den Beutel mit zwei Klammern zu. Sobald der Pflanzbeutel aufgehängt wird, entfernt man diese wieder.

4. Mit dem Pikierstab Saatlöcher mit der Saattiefe, die für die Pflanze auf der Samentüte angegeben wurde, vorformen. Die Samen in die Löcher drücken. Die Löcher gut mit Erde bedecken und diese vorsichtig andrücken. Abschließend nochmals gießen.

Saatgut sollte man möglichst frisch kurz vor der Aussaat kaufen.

5. Den Pflanzbeutel an einen warmen, sonnigen Platz legen, das Substrat immer feucht halten. Wenn sichtbar Keimlinge durch die Saatlöcher wachsen, kann der Pflanzbeutel aufgehängt werden.

Pflanzung mit vorgezogenen Pflanzen

Einfacher lässt sich ein Pflanzbeutel mit vorgezogenen Blühpflanzen oder Kräutern bestücken.

Benötigte Materialien: Pflanzbeutel mit mehreren Pflanzlöchern, Gießkanne und -trichter, Substrat, ein Pflänzchen für jedes Pflanzloch, kleine Pflanzschaufel, Alufolie.

1. Zunächst die Pflänzchen nochmals gut wässern, am besten die Töpfe für 20 Minuten in einen Eimer mit Wasser stellen. Dann jeweils die Pflanze mit einem Stück Alufolie fest umwickeln.

2. Den Pflanzbeutel aufrecht hinstellen und ihn bis 2 cm unter dem ersten Pflanzloch mit Erde füllen, mit der Hand gut andrücken. Darauf achten, dass keine Hohlräume entstehen, in denen sich Wasser sammeln kann, was zu Staunässe führt.

3. Jetzt die eingewickelte Pflanze mit dem Wurzelballen zuletzt durch die obere Öffnung des Pflanzbeutels einführen und vorsichtig durch das gewünschte Pflanzloch fädeln. Sitzt

Jungpflanzen werden meist in Kunststofftöpfen als sogenannte Containerware gehandelt. Weil sie über einen eigenen Wurzelballen verfügen, kann man sie problemlos das ganze Jahr über einpflanzen.

die Pflanze an Ort und Stelle, wickelt man die Alufolie von außen wieder ab. Den Vorgang für jede Pflanze wiederholen, bis alle Pflanzlöcher der untersten Ebene gefüllt sind.

4. Erneut Erde auffüllen und gut andrücken. Den dritten und vierten Schritt wiederholen, bis alle Pflanzlöcher der nächsten Etage bestückt sind. Nochmals Erde auffüllen und den Pflanzvorgang weiterführen, bis alle Pflanzlöcher des Beutels gefüllt sind. Diesen zuletzt bis 2 cm unter dem Rand nochmals mit Erde auffüllen und kräftig andrücken.

5. Den Gießtrichter in der Mitte des Pflanzbeutels vorsichtig in die Erde drücken, bis er nur noch etwa 0,5 cm herausragt. Nun kräftig angießen, dabei genau in den Gießtrichter zielen, denn der sorgt für die gleichmäßige Wasserverteilung bis zum Boden des Pflanzbeutels.

Je nach Volumen kann der Pflanzbeutel allein schon aufgrund der nassen Erde ein ganz schönes Gewicht haben. Man sollte sich deshalb zuvor gezielt zum Aufhängen einen guten Platz und einen festen Haken suchen, der das Gewicht auch trägt.

Die Kunst des Gießens

Für alle Pflanzen, die in einem Topf oder Gefäß gehalten werden, ist die Versorgung mit Wasser die lebensnotwendigste Pflegemaßnahme. Weil sie nur wenig Erde zur Verfügung haben, muss man umso häufiger mit der Gießkanne anrücken. Wie viel und in welchen Abständen gegossen werden soll, hängt von mehreren Faktoren ab. Neben artspezifischen Bedürfnissen spielen dabei der Standort und das Wettergeschehen vor Ort ebenso eine Rolle wie Größe und Material des Gefäßes sowie das Substrat. Der häufigste Pflegefehler ist, wenn die Pflanzen ständig zu nass gehalten werden. Davon erholen sie sich wesentlich schlechter als von zeitweiliger Trockenheit. Wann Wasser zugeführt werden muss, lässt sich am besten mit der Fingerprobe feststellen. Man drückt den Finger etwa 2 cm tief in die Erde und fühlt, ob sie noch leicht feucht ist. Erst wenn sie sich wirklich trocken anfühlt, muss gegossen werden. Wassermangel lässt sich an schlapp herabhängenden Blättern und Trieben und

Ein längerer Urlaub lässt sich mittels einer an eine Außenwasserleitung angeschlossene vollautomatische Langzeitbewässerung überbrücken.

an einem sich vom Gefäßrand lösenden Ballen erkennen. So weit sollte man es aber gar nicht erst kommen lassen, weil die Pflanzen dann oft schon Schaden genommen haben. Meist jedoch lässt sich der „Schadensfall" durch mehrmaliges, durchdringendes Wässern in wenigen Tagen wieder beheben. Das Substrat darf jedoch niemals ganz austrocknen, da sich sonst seine Wasseraufnahme- und -speicherkapazität merklich verringert.

Pflanzen wachsen nicht das ganze Jahr über gleichbleibend kräftig, meist legen sie je nach Art eine Ruhepause ein. In der Wachstumsphase, vor und während der Blütezeit brauchen sie am meisten Wasser, danach kann in der Regel etwas weniger gegossen werden. Der zum Gießen günstige Zeitpunkt ist frühmorgens, ehe die Sonne ihre volle Kraft erreicht, sowie abends. An besonders heißen Tagen muss sogar zweimal gegossen werden. Grundsätzlich wässert man besser in größeren Abständen reichlich und durchdringend als häufig und wenig.

Tipp: Beim Gießen darauf achten, dass kein Wasser auf die Balkone darunter tropft. Deshalb die Erde nie ganz austrocknen lassen, denn dann läuft das Gießwasser einfach hindurch.

Automatische Bewässerung

Oft fehlt nach einem anstrengenden Arbeitstag die Zeit, die Balkonpflanzen mit Wasser zu versorgen. Hier kann ein automatisches Bewässerungssystem

Für eine regelmäßige, leichte Dosierung empfiehlt sich dem Gießwasser beigefügter Flüssigdünger.

Abhilfe schaffen. Es empfiehlt sich insbesondere dann, wenn man viele Pflanzen zu gießen hat oder häufig längere Zeit unterwegs ist und sich daher nicht täglich um sein grünes Paradies kümmern kann. Auch für die Wasserversorgung während des Urlaubs ist ein derartiges Bewässerungssystem geeignet, da es über mehrere Wochen hinweg sicher funktioniert. Die Möglichkeiten reichen dabei vom simplen Tropfschlauch bis zum computergesteuerten System. Dieses steht und fällt mit den Rahmenbedingungen vor Ort, denn das gewählte System muss zu den Möglichkeiten auf dem Balkon passen, optimal wäre ein Wasser- und Stromanschluss. Aber selbst, wenn diese nicht vorhanden sind, lässt sich eine automatische Bewässerungsanlage installieren. Rat und Informationen, welches der Systeme für den jeweiligen Balkon infrage kommt, wie es funktioniert, vor allem aber auch für eine fachgerechte Installation erhält man im Fachhandel. Aber Vorsicht: Wer die Schläuche und Rohre nicht rechtzeitig vor dem ersten Frost entwässert, riskiert, dass sie platzen!

Düngen mit Augenmaß

Die Versorgung mit Nährstoffen ist für in Gefäßen kultivierte Pflanzen ganz besonders wichtig, da Regen und Gießwasser die Nährstoffe schnell auswaschen. Will man gleichbleibend gute Wachstumsvoraussetzungen für sie schaffen, müssen die benötigten Nährstoffe durch regelmäßiges Düngen zugeführt werden.

Zu den Hauptnährstoffen gehören:

Stickstoff für das Blatt- und Triebwachstum

Phosphor zur Blüten- und Fruchtbildung sowie Förderung der Verholzung

Kalium zur Förderung der Stand- und Winterfestigkeit, deshalb besonders wichtig für Dauerbepflanzungen

Kalzium für kalkliebende Pflanzen

Magnesium als Bestandteil des Blattgrüns, vor allem wichtig für immergrüne Pflanzen

Neben diesen Hauptnährstoffen benötigen die Pflanzen noch Spurenelemente wie Eisen, Zink, Kupfer und Mangan. In guten Erdmischungen sind sie ausreichend enthalten. Die einfachste Lösung für eine ausgewogene Nährstoffversorgung sind *Langzeit-* oder *Depotdünger*. Sie enthalten alle wichtigen Nährstoffe und geben diese im Verlauf von etwa 8–12 Wochen an die Pflanzen ab. Eine Ummantelung sorgt dafür, dass die enthaltenen Nährstoffe nur langsam und abhängig von der Außentemperatur freigesetzt werden. Man kommt daher bei vielen Pflanzen mit nur einer Düngung in der Wachstumsphase aus. *Flüssigdünger* wird dem Gießwasser beigemischt und lässt sich in niedriger Dosierung verabreichen.

Schneiden, entspitzen, ausputzen

Schnitt hält auch die Balkonpflanzen in Form. Generell können störende Triebe jederzeit abgeschnitten werden. Darüber hinaus ist bei Schnittmaßnahmen Zurückhaltung geboten, da an den äußeren Trieben auch die Blütenknospen sitzen. Der richtige Schnitt führt immer von der Knospe weg. Bei jungen Pflanzen führt ein- bis zweimaliges Entspitzen zur besseren Verzweigung der Triebe und zu buschigem Wachstum. Dabei wird der Haupttrieb von Hand mit Daumen und Zeigefinger oder mit einem sauberen, scharfen Messer abgetrennt, sobald er die gewünschte Höhe erreicht hat. Um die weitere Bildung von Seitentrieben zu fördern, werden dann immer wieder die Triebspitzen abgeknipst.

Das regelmäßige, am besten tägliche Ausputzen von verwelkten Blüten und vergilbten Blättern dient nicht nur der Attraktivität. Viele Balkonblumen bilden nach der Blüte Samen und das kostet die Pflanzen Kraft. Entfernt man die abgeblühten Triebe, verhindert man die Samenbildung und regt die Pflanze zum Weiterblühen an. Außerdem bieten welke Blütentriebe den Nährboden für unerwünschte Pilze.

Pflanzenschutz im vertikalen Garten

Falsche Standorte und Pflegefehler machen alle Pflanzen anfällig für Krankheiten und Schädlingsbefall. Ein optimaler Standort und eine auf die individuellen Ansprüche abgestimmte Pflege sind ebenso wichtige Schritte zum Pflanzenschutz wie vorbeugende Maßnahmen.

- Pflanzen regelmäßig kontrollieren; verwelkte und verdorrte Pflanzenteile sowie Unkraut entfernen.
- Gebrauchte Pflanzgefäße vor der Neubepflanzung gründlich reinigen.
- Zu dichten Stand vermeiden, damit die Luft zwischen den Pflanzen gut zirkulieren kann.
- Während der Wachstumszeit die Pflanzen ab und zu mit Pflanzenbrühe (z.B. Brennnessel) gießen. Das festigt das Gewebe und macht es widerstandsfähiger gegen Fraßfeinde.
- Pflanzen, die Nässe und Wind schlecht vertragen, in feuchten und kühlen Sommern regen- und windgeschützt aufstellen.

Pflegefehler und ihre Ursachen

Symptome, die sich als krankhafte Veränderungen an den Pflanzen zeigen, sind recht häufig auf Pflegefehler zurückzuführen.

- *Blühunwillige Pflanzen* haben bei der Düngung meist zu viel Stickstoff und zu wenig Phosphor/Kalium erhalten. Aber auch ein zu feuchter, sonnenarmer Standort kann dafür verantwortlich sein. Abhilfe: Dünger und Düngergabe prüfen; Standort wechseln.
- *Gelbe Blätter* signalisieren u.a. Licht- oder Stickstoffmangel und Übergießen. Abhilfe: Standort und Dünger sowie Pflanzgefäß auf Staunässe überprüfen.
- *Rote oder graue Flecken* auf den Blättern deuten auf Sonnenbrand hin, der auftritt, wenn Pflanzen nach dem Kauf zu abrupt in die pralle Sonne gestellt werden. Abhilfe: Pflanzen grundsätzlich behutsam an einen sonnigen Stand im Freien gewöhnen und zunächst halbschattig aufstellen.
- *Eingerollte Blätter:* ausgetrockneter Ballen bei zu heißem Standort. Abhilfe: Standortwechsel und regelmäßige Wasserversorgung.

Ein vertikaler Zimmergarten

Indoor-Gardening liegt beim Thema Einrichtung voll im Trend. Frisches Grün soll nicht nur „outdoor", sondern auch die eigenen vier Wände beleben. Wenn auch die Gegebenheiten hier eher begrenzt sind, so gibt es doch vielfältige Möglichkeiten, Pflanzen in Wohnräumen unterzubringen und zu kultivieren. Werden sie senkrecht angeordnet, gewinnt man zusätzlichen Platz, der sich dekorativ begrünen lässt.

Ideen und Möglichkeiten

Bei der Anlage und Gestaltung eines vertikalen Zimmergartens ist Kreativität gefragt. Zum Einsatz können ausrangierte Regale, Küchenleitern, Etageren, Hängeschubladen u.ä. kommen. Ein Pflanzregal eignet sich zum Beispiel im Wohnzimmer auch als Raumteiler oder lässt sich in der Küche mit Kräuter bestücken. Ein kleiner vertikaler Wandgarten ist in jedem Raum ein Hingucker.

Das Prinzip Wandgarten

Einen Wandgarten anzulegen, ist grundsätzlich einfach. Im Gegensatz zur Wandbegrünung auf dem Balkon, bei der einzelne Pflanzen wie Efeu oder Wein hochranken, wird bei Indoor-Wandgärten eine Vielzahl von Pflanzen übereinander und nebeneinander arrangiert.

Was auf den ersten Blick wie natürlich gewachsen aussieht, ist jedoch mit etwas Technik verbunden. Abhängig von der Größe des eingesetzten Systems gestaltet sich die Installation eines Wandgartens mehr oder weniger aufwändig. Deshalb ist es generell empfehlenswert, sich von einem Fachmann beraten zu

Bei diesem Bewässerungssystem zieht sich ein Wasserschlauch durch alle Pflanzetagen.

Dieser üppige Wandgarten eignet sich nur für größere und freie Wände.

lassen. Wandgarten-Systeme sind für kleine Flächen gedacht und eher als „grünende Bilder" zu bezeichnen.

Bis es an der Wand grünt, sind einige Vorbereitungen nötig. Je nach Wandgarten-System können diese sehr unterschiedlich sein. Die Spannbreite reicht von mit Erde gefüllten Textiltaschen über gestapelte Kästen bis hin zu bildähnlichen Fertigmodulen mit Substratmatten. In einem zwischen 5–20 cm tiefen Substrat-Untergrund wachsen dann die Pflanzen direkt an der Wand. Da in dieser Position ein Wässern mit der Gießkanne nahezu unmöglich ist, haben die meisten Wandgarten-Systeme einen Wasserspeicher oder verfügen über einen direkten Wasseranschluss, der mehrmals am Tag automatisch geöffnet wird.

Welche Pflanzen?

Für den vertikalen Wandgarten eignen sich vorzugsweise Grünpflanzen,

welche die warme Zimmerluft vertragen und sich in ihren Ansprüchen an Helligkeit, Bewässerung und Düngung ähneln. Wer die begrünte Wand in der Küche anlegen will, kann sie auch mit verschiedenen Kräutern bepflanzen. Bei einem Wandgarten muss man nicht warten, bis die Pflanzen endlich sprießen. Sie sind meist schon vorgezogen und werden relativ dicht gepflanzt, damit auch wirklich nur das grüne Blattwerk zu sehen ist. Erste Wahl sind sogenannte Warmhauspflanzen und Sukkulenten. Bei der Gestaltung lassen sich verschiedene Pflanzen mit unterschiedlichen Wuchshöhen und Grünfärbungen mischen oder einfarbige Sortierungen arrangieren, in denen einzelne Exemplare Akzente setzen. So können Wandgärten verschiedenen ästhetischen Ansprüchen genügen – von üppig natürlichem Wuchs bis zu eleganten und fast grafischen Arrangements.

Ein Wandbild aus verschiedenen Sukkulenten in einem schlichten Bilderrahmen zusammengefasst

So gedeiht der vertikale Zimmergarten

Für das Wachstum von Pflanzen ist maßgeblich, dass sie ausreichend *Licht* bekommen. Deshalb muss man bei der Zusammenstellung der Gewächse darauf achten, dass sie hinsichtlich ihres Lichtbedarfs und den Lichtverhältnissen am vorgesehenen Standort zusammenpassen. So eignen sich beispielsweise für eine sonnige Wand nur Pflanzen, die direkte Sonneneinstrahlung vertragen. Pflanzen, die Halbschatten oder Schatten bevorzugen, würden hier eingehen. Deshalb gilt es, die natürlichen Lichtquellen in der Wohnung möglichst perfekt auszunutzen. Direkt am Fenster erhalten die Pflanzen am meisten Licht, je weiter weg sie davon platziert werden, umso ungünstiger. Einige Wandgarten-Systeme arbeiten mit Leuchten, um vom Tageslicht unabhängig zu sein. So können sie auch an weiter innen liegenden, dunkleren Plätzen in der Wohnung problemlos angebracht werden. Ist der Standort

◀ *Auf dieser Leiter lassen sich in einer Ecke der Küche viele Kräutertöpfe unterbringen*

Mit einem Rankgitter lassen sich Pflanzen in hübschen Töpfen an einer Wand arrangieren.

zu dunkel, müssen Lampen eingesetzt werden. Ausschlaggebend ist auch die Ausrichtung der Fenster. An einem Südfenster gibt es das meiste Licht, das wiederum kann für einige Grünpflanzen zu viel sein. Hier sollte die Beschattung mit einem Rollo möglich sein. Ost- und Westfenster bieten morgens und nachmittags einige Stunden Sonne und somit einen ausreichend hellen Platz. Damit sich die Pflanzen im Wandgarten wohlfühlen, ist vor allem auch die *Luftzufuhr und -zirkulation* wichtig. Für ein gesundes Raumklima ist regelmäßiges Lüften, wodurch sich Temperatur, Sauerstoffgehalt und Luftfeuchtigkeit regeln lassen, unabdingbar. Da das Gießen der grünen Wände auf dem herkömmlichen Weg etwas schwierig ist, lohnt sich die Anschaffung eines Bewässerungssystems, bei dem sich ein Schlauch durch alle Etagen der grünen Wand zieht. So erhalten alle Pflanzen die gleiche Menge an Wasser. Bei kleineren begrünten Bilderrahmen lohnt sich diese Anschaffung nicht. Hier genügt es, das Bild auf einen Tisch zu legen und die Pflanzen mittels einer Sprühflasche zu wässern. Ebenso unkompliziert lässt sich ein Wasserspeicher handhaben. Er besteht aus einem kleineren Gefäß und einem Röhrchen, das in der Erde steckt. In das Gefäß wird regelmäßig Wasser gefüllt, welches durch das Röhrchen über mehrere Tage hinweg an die Pflanzen abgegeben wird. Beim Wandgarten ist besonders darauf zu achten, dass die Pflanzen in den unteren Reihen nicht zu sehr überwässert werden.

Ein Pflanzenbild selbst herstellen

Als „Wandgarten-Einsteiger" fängt man am besten kleinteilig an. Pflanzenrahmen oder Pflanzenbilder lassen sich leicht und einfach selber bauen und eignen sich am besten für die vertikale Premiere. Voraussetzung für das Gelingen ist, dass man die Eigenschaften der geplanten Pflanzenarten berücksichtigt. Wie weit wachsen die Blätter in die Breite? Werden sie zu ausladend, rauben sie den benachbarten Pflanzen Licht und Raum, was diese in ihrem Wachstum hemmt. Werden Gewächse eingepflanzt, die sich in ihrem Bedarf an Feuchtigkeit und Helligkeit stark unterscheiden, führt dies auf Dauer zum Absterben der Gewächse.

Für ein grünes Pflanzbild eignen beispielsweise Haworthie, Leuchterblume (*Ceropegia woodii*), Korallenkaktus (*Rhipsalis cassuta*), Echeverie-Hybriden, Aloe, Ufopflanze (*Pilea peperomioides*), Schwertfarn (*Nephrolepis exaltata*), Zwergpfeffer (*Peperomia*), Einblatt (*Spathiphyllum*), Efeutute (*Epipremnum pinatum*), Streifenfarn (*Asplemium nidus*), Hasenpfotenfarn (*Davallia*).

Als Pflanzgrundlage lässt sich auch Sphagnum-Moos einsetzen. Es kann das 30-fache seiner Trockenmasse aufnehmen und die Feuchtigkeit wie ein Schwamm halten. Allerdings enthält es keine Nährstoffe und hat einen sehr

niedrigen pH-Wert. Deshalb sollte man zum Gießen am besten kalkhaltiges Wasser verwenden und einmal in den Sommermonaten etwas Dünger hinzufügen.

Was wird benötigt?

- Bilderrahmen (beliebig groß)
- Holzleisten (4–5 cm breit)
- Holznägel und Holzleim
- Holz- oder Spanplatte in Größe des Bilderrahmens
- Hasendraht oder Drahtmatte
- Holzschutzfarbe oder Lasur
- Säge, Hammer, Schere, Pinsel, Pikierstab
- Pflanz- oder spezielle Kakteenerde
- in Formen und Farben unterschiedliche Sukkulenten

Und so geht's

- Den Draht in der Größe der Rückwand des Bilderrahmens zuschneiden. Die Rückwand wird später nicht mehr benötigt.
- Die Holzleisten so zurechtsägen und zusammenfügen, dass das Außenmaß des fertigen Rahmens ebenfalls den Maßen der Rückwand entspricht. Zur Stabilisierung des Leistenrahmens die Kontaktstellen zusätzlich mit Holzleim fixieren.
- Die Holzplatte in der Größe des Leistenrahmens zusägen.
- Den Bilderrahmen mit der Rückseite nach oben auf einen Tisch legen. Die Drahtmatte hineinlegen, dann den Leistenrahmen einsetzen. Den Leistenrahmen mit Holzleim fixieren und mit Holzschutzfarbe streichen, trocknen lassen.
- Die Holzplatte auf dem Leistenrahmen festnageln, das Ganze umdrehen, sodass der Bilderrahmen mit dem Drahteinsatz oben liegt.
- Nun den zwischen Draht und Holzplatte entstandenen Hohlraum von vorne mit Erde füllen, anfeuchten, damit sie etwas verdichtet wird und die Pflanzen besser Halt finden.
- Abschließend mit dem Pikierstab die einzelnen Pflanzenteile der Sukkulenten zwischen die Drahtmaschen in die Erde drücken und zu einem harmonischen Bild arrangieren.

Ehe der bepflanzte Bilderrahmen aufgehängt oder -gestellt wird, sollten alle Pflanzenteile angewachsen sein, damit sie und die Erde nicht herausfallen. Dies kann je nach Wachstumsphase einige Wochen dauern.

Um unterschiedliche Grüntöne zu einem Gesamtbild zu verbinden, kann man alternativ Farn, Klee und Sternmoos zusammen arrangieren. Als Farbtupfer wird nur Kriechginster, ein pflegeleichter Bodendecker, dazwischengesetzt. Er überzeugt im Frühjahr mit leuchtend goldgelben Blüten. Kombiniert man zu viele Farben und Pflanzenformen, geht die einzelne Pflanze unter.

Für diesen hübschen Flaschengarten findet sich immer ein Plätzchen.

Auf einem Regal arrangierte Grünpflanzen lassen sich wunderbar als Raumteiler einsetzen.

Arten- und Sachregister

A
Allium schoenoprasum 57
Allzweckkisten 21
Anemone 49
Anemone blanda 49
Anethum graveolens 58
Antirrhinum majus 44
Apfel 64
Aster-Arten 55
Australisches Gänseblümchen 52

B
Basilikum 59
Bellis perennis 50
Besenheide 55
Blaue Mauritius 65
Blauregen 35
blühunwillige Pflanzen 83
Bohnen 62
Brachyscome iberidifolia 52
Brombeere 63

C
Calluna vulgaris 55
Capsicum annuum 61
Christrose 55
Chrysanthemum-Indicum-Hybriden 56
Clematis 66
Convolvulus sabatius 65
Cosmea-Arten 54
Crocus vernus 48
Cucumis sativus 62
Cucurbita pepo 61

D
Dill 58
DIY-Systeme 15
Duftwicke 66

E
Efeu 67
Erdbeere 63
Erica carnea 56
Europaletten 19 ff

F
Fächerblume 53
Feuerbohne 35
Fleißiges Lieschen 53
Flüssigdünger 81
Fragaria x *ananassa* 63
Frühjahrsblüher 71
Frühlingsblumen 48
Frühlings-Krokus 48

G
Gaultheria procumbens 56
Geißblatt 66
gelbe Blätter 83
Gemüsepflanzen 61
Gießkannen 73
Gießtrichter 76
Glockenblume 45
Glycinie 35
Gurke 62

H
Hängepelargonien 51
Hedera helix 67
Helichrysum bracteatum 45
Helleborus niger 55
Herbstastern 55
Herbstblumen 71
Herbstchrysanthemen 56
Herbst- und Winterpflanzen 55
Himbeere 63
Hornspäne 75
Husarenknopf 53

I/J
Impatiens-Hybriden 53
Ipomea quamoclit 35
Jasminum nudiflorum 67
Johannisbeere 64

K
Kalzium 81
Kapkörbchen 52
Kapuzinerkresse 37, 65, 75
Kissenprimel 49
Kletterpflanzen 67
Klima 10
Kokosfasern 75
Kornblume 45
Kräuter 57

L
Langzeit- und Depotdünger 81
Lathyrus odoratus 66
Lavandula angustifolia 60
Lavendel 45, 60
Lobelia erinus 51
Lonicera caprifolium 66
Löwenmäulchen 44
Lycopersicon lycopersicum 61

M
Magnesium 81
Majoran 58
Malus domestica 64
Männertreu 51

Margerite 45
Maßliebchen 50
Melissa officinalis 58
Mentha x *piperita* 57
Muscari 48
Myosotis sylvatica 50

N
Narcissus 48
Narzisse 48
Nordbalkon 13

O
Obstkisten 23
Obstpflanzen 63
Ocimum basilicum 59
Oregano 59
Origanum majorana 58
Origanum vulgare 59
Osteospermum-Hybriden 52

P
Paprika 61
Parthenocissus 67
Pelargonium-Peltatum-Hybriden 51
PET-Flaschen 25 ff
Petersilie 57
Petroselinum crispum 57
Petunia-Hybriden 51
Petunien 51
Pfefferminze 57
Pflanzbeutel, hängend,
  -stehend 73
Pflanzenbild 90
Pflanztaschen 28
Pflanzbeutel 76
Phaeseolus coccineus 35
Phaseolus vulgaris 62
Phosphor 81
Primula vulgaris 49

R
Radieschen 62
Raphanus sativus 62
Rechtsfragen 15
Regen- und Dachrinnen 27
Ribes rubrum,
  -nigrum 64
Rosmarin 60
Rosmarinus officinalis 60
Rubus fruticosus,
  -idaeus 63

S
Saatbänder 44
Saatgut 75

Salbei 60
Salvia officinalis 60
Sand 75
Sanvitalia procumbens 53
Scaevola aemula 53
Scheinbeere 56
Schmuckkörbchen 45, 54
Schneeheide 56
Schnitt 81
Schnittlauch 57
Schwarzäugige Susanne 35, 65
Sommerblumen 51
Sphagum Moos 41, 91
Splitt 75
Standortfaktoren 11
Sternwinde 35
Stickstoff 81
Stiefmütterchen 50
Strohblume 45
Studentenblume 45
Substrat 73
Südbalkon 11
Südostlage 13
Südterrasse 11
Südwestlage 13

T
Tagetes-Hybriden 45
Thunbergia alata 35, 65
Thymian 59
Thymus vulgaris 59
Tomate 61
Traubenhyazinthe 48
Tropaeolum majus 65
Tulipa-Hybriden 49
Tulpe 49

V
Vergissmeinnicht 50
Viola wittrockiana-Hybriden 50
Vitis vinifera 64

W
Waldrebe 66
Wassermangel 78
Weinrebe 64
Wilder Wein 67
Winterbepflanzung 71
Winterjasmin 67

Z
Zinnia-Arten 52
Zinnie 52
Zitronenmelisse 58
Zucchini 61

Impressum

ISBN 978-3-8094-3821-2
1. Auflage
2018 by Bassermann Verlag, einem Unternehmen
der Verlagsgruppe Random House GmbH, Neumarkterstraße 28, 81673 München

Jegliche Verwendung der Texte und Bilder, auch auszugsweise,
ist ohne Zustimmung des Verlages urheberrechtswidrig und strafbar.

Layout: GRAFIK + DESGN Heide Wülfert, München
Redaktion und Bildredaktion: Verlagsbüro Kopp, München
Umschlaggestaltung: Atelier Versen, Bad Aibling
Projektleitung : Iris Hahner
Herstellung: Claudia Scheike
Reproduktion: Mohn Media Mohndruck GmbH, Gütersloh

Fotos: shutterstock: 19, 26, 33, 37, 77 (o.), 84, 86, 87, 89, 91, 93; Strauß: U1, 2, 6, 8, 10, 11, 12, 16, 18, 22, 24, 25, 28, 36, 68, 72, 76, 77, 78, 79, 80, 82, 88, 92; urbanature: 30, 31,32; alle übrigen Steinberger

Die Ratschläge und Informationen in diesem Buch sind von Autorin und Verlag sorgfältig erwogen und geprüft, dennoch kann eine Garantie nicht übernommen werden. Die Haftung der Autorin bzw. des Verlags und seiner Beauftragten für Personen-, Sach- und Vermögenschäden ist ausgeschlossen.

Hersteller:
www.urbanature.de (Hängegarten, Gartenschere, Hochgarten)
www.greenbop.de (Karoo Pflanzenwand)
www.olerum.de/elho (Corsica Vertical Garden)

Verlagsgruppe Random House FSC® N001967

Druck und Bindung: Těšínská tiskárna, a.s., Cesky Tesin
Printed in Czech Republic